人生难得是欢聚

李叔同的人生智慧

张笑恒/著

华龄出版社
HUALING PRESS

图书在版编目 (CIP) 数据

人生难得是欢聚：李叔同的人生智慧 / 张笑恒著
. -- 北京：华龄出版社，2023.11
ISBN 978-7-5169-2639-0

Ⅰ. ① 人… Ⅱ. ① 张… Ⅲ. ① 李叔同（1880-1942）
- 生平事迹 Ⅳ. ① B949.92

中国国家版本馆 CIP 数据核字 (2023) 第 207468 号

责任编辑	李梦娇	责任印制	李未圻
责任校对	张春燕	装帧设计	天下书装

书　　名	人生难得是欢聚：李叔同的人生智慧	作　　者	张笑恒
出　　版 发　　行	华龄出版社 HUALING PRESS		
社　　址	北京市东城区安定门外大街甲 57 号	邮　　编	100011
电　　话	（010）58122255	传　　真	（010）84049572
承　　印	三河市祥达印制包装有限公司		
版　　次	2024 年 1 月第 1 版	印　　次	2024 年 1 月第 1 次印刷
规　　格	710 mm × 1000 mm	开　　本	1/16
印　　张	12	字　　数	160 千字
书　　号	ISBN 978-7-5169-2639-0		
定　　价	49.80 元		

前言

“长亭外，古道边，芳草碧连天；晚风拂柳笛声残，夕阳山外山；天之涯，地之角，知交半零落，一瓢浊酒尽余欢，今宵别梦寒。”一曲骊歌，宛转悠扬，动人心弦。这首被几代人传唱的《送别》，便是出自本书的主人公李叔同。

李叔同，近现代史上的一位传奇人物。杰出的爱国宗教领袖赵朴初赞赏他“无尽奇珍供世眼，一轮圆月耀天心”。一生孤傲的作家张爱玲，在他的面前低下了头颅：“不要认为我是个高傲的人，我从来不是的，在弘一法师寺院围墙外面，我是如此的谦卑。”太虚大师称颂他“以教印心，以律严身，内外清净，菩提之因”。

在俗、出家、圆寂，六十余个春秋里，李叔同尝尽了人生的百般滋味。他的一生，堪比常人的几生几世。

清光绪六年（1880年）农历九月二十日辰时，一个婴儿呱呱坠地，名为李叔同，其父系津门巨富李世珍。在显赫的“桐达李家”，这个体弱的稚子习文、听戏、娶妻、南下，长成了翩翩公子。“二十文章惊海内”，东渡日本游艺海。李叔同集诗词、书画、篆刻、戏剧、音乐才能于一身，享誉海内外。回国后，他引领着国内志士，掀起了中国近代艺术的新潮流。

作为中国新文化运动的先驱之一，李叔同是我国近代史上数一数二的教育家、思想家。画家丰子恺、李鸿梁，音乐家刘质平，篆刻书画家钱君匋等知名文艺人士，都出自李叔同门下，可见其教育功勋卓著。

李叔同的前半生，看似无尽耀眼，是风流富贵的翩翩公子，是无所不精的留洋才子，是戏剧演员、是艺术家，但在他的伟岸身后，也有诉不完的心酸与遗憾。

与名妓杨翠喜的感情无疾而终，他悟出了“命里无时莫强求”；与夭折的孩子福薄缘浅，错过了与母亲的最后一面，他得以悟出“当一切众生，皆为慈母”；家道中落，他担负起了大国小家的责任，视“富贵终如草上霜”……尘世所历种种，终是勾出了李叔同的佛性。

从公子、学生、人师，到空门和尚，李叔同潇洒挥别了繁华尘世。从红尘中来，去往寒窗经卷之处，“以戒为师”，从李叔同到弘一法师，数十年修行后，他终成佛教南山律宗的一代祖师。

弘一法师的后半生，淡泊无求，清心寡欲，以一颗没有功利的心生活着。一双破布鞋，一条旧毛巾，一柄用了几十年的雨伞，他却走出了一条禅学之道。怀着“爱，就是慈悲”的普世情怀，弘一法师推开了古寺佛灯之门；落笔写下“悲欣交集”，他作为中国传统文化与佛教文化相结合的优秀代表，带着毕生的哲思告别了这个世界。

斯人已逝，而精神不灭。那么多文人逸士，都在传颂他的传奇故事，并不仅仅是因为他达到了非凡的境界，更是因为他一生历尽了人间的悲喜，领悟了人生浮沉之间的哲学道理。如果你想要学会做人的哲学，探寻生而为人的意义，不妨翻开本书，细细读来。且看大师在古寺佛灯下，清清冷冷普渡众生；去听他在众生门前，平平和和正见修行；品读大师为人处世的箴言，扫除心灵的业障。愿每一位读者都能从李叔同的人生哲学中，学会他的慈悲、宽厚、低调与淡泊，提升自己的境界，收获美好人生。

目 录

第七章

律己，常以戒为师

第八章

惜福，世间没有不好的东西

第一章

爱，就是慈悲

爱就是慈悲，

我们世间人把爱讲成习惯了，

爱里面有感情，慈悲里头有智慧，

转识成智的爱叫慈悲，

带着感情的，这就不叫慈悲，叫爱，

佛经上用这个来区别。

于一切众生，当如慈母

晨光初现，薄雾笼罩的西湖，在这里弘一法师与日本妻子见了最后一面。

“弘一法师，请告诉我什么是爱？”

“爱，就是慈悲。”

回顾李叔同的一生，之于众生，他都在践行所说的慈悲，怜悯众生，对待一切都保留着恻隐之心，这种佛性从他儿时在家就形成了。

李叔同的父亲李世珍是津门富商，也是一名虔诚的佛教徒，在生活中看不得人间悲苦。院子里出现受伤的小动物，他们也会吩咐下人好生医治，待它们痊愈了再放生。在这般“扫地恐伤蝼蚁命，爱惜飞蛾纱罩灯”的温良人家里，李叔同耳濡目染，对世间万物始终抱有仁爱之心。

弘一法师出家后，去学生丰子恺家中做客时，每次坐木藤椅前，都要用手摇一摇椅子才慢慢入座。看着老师多次这样，丰子恺不免好奇询问。

弘一法师淡淡一笑，道：“这木藤椅上容易落虫，摇晃一下，它们就能跑开了。我坐下去，也就不会误杀了那些小生命。”

一次交谈中，弘一法师随口说了句：你家地上有很多蚂蚁，注意别伤到了它们。丰子恺从未留心过这些，闻言感触颇深。

“莫急坐，轻摇椅”，常人视若无睹的一虫一蚁，却是弘一法师时刻守护着的生灵，就如同对待子女一般重视。慈悲就是如此自然而然的行为，简单质朴，就在举手投足之间。弘一法师不仅呵护着这些微弱的小生命，还心怀大爱，大胆地为猛兽提供庇护。

朋友徐悲鸿在去探访弘一法师的路上，远远看见一只大花豹奔向法师的屋子。徐悲鸿情急之下，捡起一块石头就跑了过去，生怕自己晚去一步，悲剧就要发生。

没想到弘一法师不慌不忙地从屋里走了出来，而那只花豹闲庭信步，还伸了个大懒腰。惊慌失措赶来的徐悲鸿，看到此情此景，傻了眼。他揣测着，莫不是这只花豹被大师的“佛性”感化“皈依”佛门了？于是试探着问大师：“这花豹像是山中来的野兽啊，怎么没有伤到大师一分一毫啊？”

弘一法师悠然地坐在石凳上，花豹垂首卧在身侧，他挥挥手，让徐悲鸿坐下，说道：“它之前被猎人生擒了，几乎快被打死。我经过看到了，出手救下了它，给它疗好伤，便放归山林了。”

多一事不如少一事，这世间冷眼旁观的人太多了。怜悯众生，似乎已经成了一个人性教条，而我们却常常缺乏出手相救的胆量，对动物如此，对周边的人也是如此。像弘一法师这般，敢于救下危险的野兽，置自身生死于度外，这心怀生灵的大爱，实在少见。

弘一法师的慈悲，更是一种对生的向往，一种超脱生死的希望。在他身边，没有生死之别，只要是存在于世间的事物，他都不吝怜恤。

弘一法师常年在寺庙修行。徐悲鸿常常前去拜访，同他探讨各种问题。众所周知，徐悲鸿是一名画家，他对周边的一切都有超乎寻常的观察力。

有一回，徐悲鸿在欣赏沿途风景时，发现一株枯死多年的老树抽出了嫩芽。他感到不可思议，所谓“枯木逢春”，难不成是弘一法师在此修行，连死物都能重焕生机吗？

见到弘一法师后，他将自己的疑问提了出来：“枯木发芽，是受到了您的感召吗？”

“不是的，是我每天晨起为它浇水，它才慢慢活了的。”弘一法师双手合十道。

徐悲鸿肃然起敬：“我和你同样看到枯树，我只当它是枯木，你却视之为生命，我等惭愧啊！”

兴许，在身边的老人大限将至之时，我们便已经失去了对他们生还的期待，对人如此，我们更不曾做到爱物如初了。但弘一法师的慈悲，不论生死，更不论人物。

弘一法师曾想着亲手刻字，印刷佛经。一个月后的某天，他突然停下了手上的动作，放下了刻刀：“刀部的字，多有杀伤意，不忍下笔。”弘一法师的慈悲境界已是超然了，目之所及，皆是生灵，皆需慈悲。

《华严经》有云：“我当于一切众生犹如慈母，生长一切善根大愿。”佛法如是教诲，可有几人能无私到将众生当作亲生子女来关爱呢？无论是善缘恶缘，弘一法师都永怀慈悲。生为芸芸众生，成在普济众生。

还君一钵无情泪，恨不相逢未剃时

作诗、话剧、油画……这些对李叔同来说，可谓是信手拈来，才华横溢的他，蜚声海外。在人生浮沉间，李叔同家道中落，那时的他早已学贯中西，文学艺术更是造诣颇深。

1917年12月25日起，李叔同就前往杭州的虎跑定慧寺，体验了为期18天的断食。在接下来的日子里，他接触了很多佛经，甚至专门去虎跑定慧寺听法伦禅师说法，加之幼年受到佛家文化的熏陶，长伴青灯、普度众生的念头在他的心中根深蒂固。

1918年春，李叔同又前去虎跑定慧寺习静，当时佛学大家马一浮带着彭逊之到此地出家。看着弘祥法师一刀刀剃去彭逊之的头发，李叔同内心深感震撼，即刻就欲拜弘祥法师为师。弘祥法师认为自己资历尚浅，由其师父了悟法师收李叔同为弟子。

8月19日，李叔同在虎跑定慧寺正式剃发出家，法名演音，号弘一。从此，世间再无李叔同，只有弘一法师。

李叔同出家的消息一经流出，就引发了很大的轰动。学生丰子恺是这样解释的："我对于弘一法师的由艺术升华到宗教，一向认为当然，毫不足怪，他一直追寻的是将世间的‘爱’阐释清楚。”那么，弘一法师又是如何去阐释这种“爱”的呢？

年轻时候的李叔同，才兼文雅，风流倜傥。正逢“山河破碎风飘絮，身世浮沉雨打萍”的年代，他的诗文道出了多少读者的感时情怀。对于他的出世，世人不得其解，尤其是那些芳心暗许的女读者们，怅然若失。

有位叫白思晨的女读者，原是京师大学堂的校花，才貌双全，追求者不计其数。但这样一个才情女子，却死心塌地地爱上了李叔同。在他出家后，日日到寺庙门前寻他，但大师始终不曾露面。

白思晨念念不忘，苦苦请求，没有激起弘一法师一丝波澜，她便恼得撕破衣服，长跪于石板之上，几日不进水米，以血请愿，劝其还俗。据传弘一法师听闻此状，便派人送给了这位女子一句诗：“还君一钵无情泪，恨不相逢未剃时。”

白思晨看罢，顿有所悟，也不再纠缠，血书“心已许君，身不复寻”，一去不返。

面对女子的痴情，弘一法师没有丝毫困扰和责备，反而遗憾、宽慰，只怪相遇太晚，只能选择“无缘大慈”。这种“无情”的大爱，胜过万千斩不断、理还乱的孽缘。

有人说，弘一法师将慈悲给了众生，把绝情留给了深爱自己的女人。有人替他的日本妻子不值，她的丈夫为何薄情寡义至此？似乎大家都在诟病李叔同的无情，对旁人有一份温厚关怀，却对妻儿的苦苦挽回无动于衷。

好友夏丏尊曾问弘一法师是怎么狠下心斩断情执的，他的回答很平淡：“人生无常，如抱病而死，想不抛，也做不到。”骤然一听，是他的狠心，仔细一想，却也是他的用心。

李叔同在出家前，将佩戴多年的手表交给妻子，交代说：“等我出家了，你就回日本，你有技术，能好好生活的。”

在正式出家的前两周，李叔同给日本妻子写了一封告别书。信中写道，

“上回与你谈过，想必你已了解我出家一事，是早晚的问题罢了……若你已同意我这么做，请来信告诉我，你的决定于我十分重要……”可见，并非李叔同无情，他尊重自己的妻子，更是满心愧疚。但决定了皈依佛门，他能做的，就是尽其所能为妻子谋好后路。

在李叔同决心出家以后，他就预留了三个月的薪水，将其中的三分之一，连同自己的一捋胡须交给了老朋友杨白民先生，让他转交给妻了，并拜托他把妻子送回日本。

人非草木，孰能无情，更何况是斩断尘缘。对于自己的爱妻，物质也好，精神也罢，李叔同已然是给予了妥当的安置，他在告别信中还写道：“在佛前，我祈祷佛光加持你。”

正如弘一法师自己说的，这不是薄情寡义，而是为了更永远、更艰难的佛道历程。他不得不放下一切，了却一切红尘，才能一心为众生渡苦。《大般若经》有云：“于诸有情，恒起悲心，欲拔其苦。”弘一法师的后半生就是在出世中，为唤醒国人、守卫国家而传道，这就是他的慈悲之道。

最高的快乐是行善助人

李叔同的父亲李世珍乐善好施，曾创办“备济社”，为贫民布粮施粥，又兴办义塾供贫苦孩子上学……在津门一带有着“李善人”的美称。

李世珍年近古稀时，李叔同降生了。相传这天，他的父亲买下了整条街的水产，全部放生了。在这种仁爱厚德的家庭中长大，李叔同也和他的父亲一样乐善好施，把行善助人当作自己的处世之道。

著名音乐家刘质平，七岁丧父，家境窘迫。1912年秋天，进入浙江省立两级师范学校读书。当时，李叔同在该校教授音乐和图画课，刘质平十分幸运，师从李叔同学习音乐。自此，他与恩师李叔同续写了一生的传奇故事。

1916年，刘质平毕业了，在李叔同的鼓励下，漂洋过海远到日本留学。刘质平成功考上东京音乐学校之后，留学费用成了他面前一座难以逾越的大山。即使老师李叔同寻求了多方帮助，他还是没能申请到官费留学。更不巧的是，刘质平一贫如洗的家中再拿不出钱来供养他上学了。

孤苦伶仃的刘质平，进退维谷，便和李叔同倾诉了自己心中的苦闷：“有负师望，无颜回国，唯有轻生，别无他途。”

收到信的李叔同忧心忡忡，急忙回信，主动资助他完成学业：“不佞现每月入收薪水百〇五元，出款，上海家用四十元（年节另加），天津家用廿五元（年节另加），自己食物十元，自己零用五元，自己应酬费、买物添衣费五元。如依是正确计算，严守此数，不再多费，每月可余廿元，此廿元即可以作君学费用。”

李叔同的慷慨解囊，解救了陷入绝境的刘质平，给了他继续生存、学习的希望。李叔同不仅大方地伸出了援手，还不求回报。他告诉刘质平，信件阅后必焚，也不必偿还，全当赠与。

再后来，李叔同决定出家了，在出家前，他依然为刘质平准备了一大笔钱，想要供他到毕业。1918年刘质平学成回国，从此将一生精力奉献给中国音乐教育事业，成为了著名音乐教育家。

“乐善好施，广结良缘”，这就是弘一法师一生的善念。行善积德，并不需要大富大贵，弘一法师以身传道，哪怕家境衰败，也能处处与人为善。我们常常会推托说没有多余的钱救济别人，也没有剩下的时间帮助他人，只是因为我们没有一颗慈悲之心。行善不在大小，“勿以善小而不为”，行小善有行小善的快乐，行大善有行大善的价值。现如今，为老幼妇孺让个座，为陌生人指个路，谈笑间就能行善助人了。

弘一法师一生都在修身养性，尤爱以书画怡情，他的书画作品表达着弘法之道。在他的影响下，弘一法师和学生们都愿意将自己的作品赠送于人，以期广撒善种。在抗日期间，他更是将这种大慈大悲演绎得淋漓尽致。

在民族危亡之际，弘一法师没有躲在青灯古佛之后，而是站在佛门前，发出了“念佛不忘救国，救国必须念佛”的号召，成为一名普度救世的大师。他开放了自己的寺庙，让难民有了临时的庇护之地；他一边诵经超度阵亡的将士，一边协助安顿灾民，还卖掉朋友送的白金眼镜，增加补给。

他为了弘扬民族大义，用心书写了数百条“念佛不忘救国”的横幅，任人去取；1937年，他编写《厦门第一届运动会会歌》时，发出了抗日救国的号召——饮黄龙，为民族争光，以鼓舞士气。在弘一法师的感召下，抗日队伍日渐壮大，爱国情怀在祖国大地上发荣滋长。

爱国、救国，称得上是最高境界的行善助人了。《大智度论》云：“大慈与一切众生乐，大悲拔一切众生苦，大慈以喜乐因缘与众生，大悲以离苦因缘与众生。”有一颗慈心，以他人之乐为乐；做慈行，助他人得到快乐。有一颗悲心，把别人的痛苦视作自己的痛苦，替别人消除苦痛，让他们重获快乐，我们自己也能感受到至上的快乐与畅然。这就是所谓的慈悲心肠。

或许我们不能同弘一法师一般做轰轰烈烈的善举，那就让我们保持一颗向善之心，抛弃人性中的自私、冷漠与虚伪，行小善，追求“上善若水”的境界吧！

悲悯之心怎可图利

真正的布施是不求回报的。无论是入世的李叔同，还是出世的弘一法师，他们做的都是圆满的布施，能将自己的身体、财物甚至名誉功德，毫无保留地赠予众生。

1905年，母亲逝世，国家危难，李叔同强忍悲痛，为救亡图存，开始了东渡日本的留学之旅。1910年，30岁的李叔同回国了，他仍记得出国前“二十文章惊海内，毕竟空谈何有”的悲怆愤懑，他走上了文化兴国的道路。

李叔同的文学艺术造诣很高，诗词、书画、篆刻、音乐、戏剧等方面均有成就。他在上海《太平洋报》担任主笔，还负责画报副刊和广告。在这片文化阵地上，他连载了《西洋画法》，详细介绍了西方绘画艺术；连载了《广告丛谈》，论述了广告能否成为专学等问题；他改版了呆板无趣的报刊版面，还创新了新闻漫画形式。他这一年来的功绩，无愧于“中国广告艺术的开拓者与奠基人”的称号。

但在1912年的秋季，《太平洋报》就因经营不善而停办了。随后，李叔同接到了浙江省立两级师范学校的聘书，赴杭州任图画、音乐教师。

时任校长经亨颐十分注重学生的人格培养，亲自开设了“修身”课程，他所谓的“修身”，就是要培养出对社会有贡献的公民，这与李叔同的教育理念不谋而合。直至李叔同成为弘一法师，他都在此处以平生所学培育桃李。

他将毕生所学的文学与艺术，倾心教授给所有的学子，毫无保留，不求名利。李叔同是在中国传播西方音乐的先驱者，也是中国第一个开创裸体写生的绘画教师。“我到为植种，我行花未开。岂无佳色在，留待后人来。”他是发自内心地重视教育，呵护学生，正如挚友夏丏尊先生所说，他做教师，有人格作背景，好比佛菩萨背后有光。

后来，李叔同为建立“未来光华的佛国”，断然舍弃了半生的荣华与名誉，也放弃了心爱之人，他在告别信中写道：“这些都是过眼云烟，不值得留恋的。”

出家后，弘一法师弘扬佛法，更是无欲无求，内外兼修，一心只为普度众生出苦海。赵朴初先生为赞颂大师的功德无量与安心恬荡，写了一首诗：“深悲早现茶花女，胜愿终成苦行僧。无数奇珍供世眼，一轮圆月耀天心。”

万千世界里，李叔同一生澄明，心中有大爱，也愿意付出大爱，最重要的是他不为名利所累。他曾说过，如果能给别人指明方向，行善也当是无欲无求。

在我们身边，有两类行善之人。一类和弘一法师一样，是低调行事、不求回报的人。功名利禄与他们全然无关。他们的善良之心，如同“善利万物而不争”的水一般纯净。在道家文化里，水是世上最行天地大道之物，无论它身处何地，都在灌溉万物、孕育生命，未曾向万物索求过任何回报。这一类默默奉献的大善之人，即使不奢求回报，也能成就自己的品格。

而另一类是高举旗帜、贪图名利的人。他们在还未伸手帮助他人的时候，就已经在幻想着别人对自己感激涕零，自己名利双收的那一天。这种人甚至会在行善之前犹豫、权衡再三，确定别人能够给出令自己满意的回报，他们才会伸出援手，否则只会袖手旁观。

“我对他那么好，他怎么能这样对我呢？”“真是翻脸不认人啊，枉我真心待她。”慢慢地，很多人都有了这样的思想：如果行善积德没有回报，那就没必要去做了。其实这些思想行为的背后，是我们利欲熏心的贪念和无休无止的计较。当你行善的目的不再单纯，而是为了收敛钱财、积累名声的时候，你的善意就已经被玷污了，你的善行也因此变得一文不值。

儒学经典《菜根谭》写道，“舍己毋处其疑……施人毋责其报”。既然我们要做善事，就不必去计较利害得失，而应听从本心，无私奉献。如若让自己的善心沾染了世俗名利，我们就成了一个伪善之人。佛家所说积累善德，就是不争一时之力。行善，是在涵养自己的品性，也是在净化自己的灵魂，而不是用来标榜自己。在他人陷入困境时，我们能大方主动地伸出援手，这才是真诚与善良，是世界需要的温暖。

悲悯之心，不可图利。我们要有包容万物的胸怀，不去计较丝毫的利害，心甘情愿地行善，方能有真正自由的慈悲之心。

菩萨慈悲，也有怒目金刚

《太平广记》中记载了这样一个小故事，隋朝吏部侍郎薛道衡去钟山开善寺访寺拜佛时，问一位小和尚：“不知小师父能否解惑，为何菩萨低眉善目，而金刚怒目圆睁？”

“金刚怒目，所以降伏四魔；菩萨低眉，所以慈悲六道。”

“不显金刚怒，不见菩萨慈悲。”金刚之怒，看似冷峻无情，却能扫除世间的黑暗与邪恶，以仁心保护善良，这何尝不是行善有度、慈悲无量的菩萨呢？

在众人看来，出家人应以慈悲为怀，也不应过问世俗之事，但弘一法师不分红尘与空门，只为慈悲而行事。

1933年，这是弘一法师为僧的第15年。当时有一女子芳名杨念，年方二十，姿容秀丽，蕙质兰心，就读于金陵大学，杨念的父亲在英国牧师约翰家做佣人。约翰有一个儿子，幼时患过脑膜炎，行为举止难以控制。约翰见杨念才情出众，便邀请她做小约翰的家庭教师，一桩冤案就此拉开帷幕。

牧师家境富裕，身份特殊，养得小约翰性格跋扈，而杨念的美色吸引了胸无点墨的小约翰。有一天，小约翰趁着四下无人，便把杨念堵在自己的房间里，对她上下其手。杨念拼死护住了自己，挣扎着逃了出去。小约翰一时气急，紧随其后，不料追赶途中摔下陡坡，成了残疾人。约翰心疼自己的儿子，威胁杨念，若是不愿意嫁给小约翰，就要坐20年牢。

果不其然，没多久，无辜的杨念就背负着“故意伤害罪”，被判处20年有期徒刑。杨念的父亲一夜白头，四处为女儿伸冤。善良的民众知晓了前因后果，纷纷发声鸣冤，但那时外国势力一手遮天，民众的善心付之东流。杨父又受人指点，到九江法院告状，不想法院也“沦陷”，始终改变不了女儿入狱的判决。

束手无策的杨父，抱着最后一丝希望，慕名找到了当时在青莲寺修行的弘一法师。一见到弘一法师，杨父就跪下了，请求大师出手相救。弘一法师将其扶了起来，听了一切后，垂首合掌说：“佛门普度众生，隐恶扬善，绝不能放纵如此恶行。”

杨父重燃希望，但此时的杨念万念俱灰，早已看透了世态炎凉，也不愿年迈又无权无势的父亲因为自己的事情四处奔波，决定向万恶的洋人妥协，嫁给为非作歹的小约翰。

弘一法师听闻，立即登门劝解杨念。但这位好心的姑娘却婉拒了：“官司胜负，大势已定，若牵连了弘一法师的圣名，就是我们的罪过了。弘一法师不也是看透了这污秽的世道，才寻得一处圣洁之地在修行吗？”

看着杨念伸冤无门，弘一法师不断鼓励杨念要相信正义，还凭借自己的名声与关系，联合诸多名士，向法庭施压。即便如此，法庭还是畏惧洋人势力，没有改判。法院庭长为他指了一条明路，建议他去找当时与政界关系密切的商人张谋之，如此这桩案子就会轻而易举改判。

但官场里权贵相依，这不是出家人该接触的，追求清修的弘一法师也陷入了矛盾中。杨念不忍拖累众人，便想以死了结，好在被及时救下。弘一法师这才顿悟，放下了清规戒律，只求伸张正义。

弘一法师最终见了张谋之，张谋之对其十分崇敬，自然是有求必应。

这桩冤案很快了结，弘一法师也离开了庐山。若是一时忍让恶人，这看似小善，实则成了大恶；惩戒恶人，看似严酷，实则才是大善之行。

菩萨心肠，也需金刚的力量，才能保住良善之辈。佛家有满面笑容的弥勒，也有手持降魔杵的韦陀。慈悲不是软弱，世间大风大浪，都要有人扛起。正如《法华经安乐行义》所言："若有菩萨行世俗忍，不治恶人，令其长恶败坏正法，此菩萨即是恶魔非菩萨也，亦复不得名声闻也，何以故？求世俗忍不能护法，外虽似忍，纯行魔业。"

若说以德报怨，何以报德呢？生而为人，在保持对世界的善意时，也要有"大仁不仁，大善不慧"的锋芒。不伤害，不攻击，多行善，是我们的本心，但如果面对被伤害，也请你反击恶意的他人，保护我们的慈悲。

第二章

圣贤处事，惟宽惟厚

大文夫居其厚，不居其薄；

居其实，不居其华。

越是内心贫困的人，境界也就越小，

整日患得患失，斤斤计较。

相反，宽厚之人，心胸开阔、包容仁爱。

人生在世，或许会因为宽厚而暂时吃亏，而受委屈，

你要相信时间会给你满意的答复。

相逢一笑泯恩仇

抗战期间，爱好和平、反对战争的西村真琴博士来信，鲁迅先生回赠了一首《题三义塔》，其中两句为“度尽劫波兄弟在，相逢一笑泯恩仇”。这句诗被很多人引用过，比喻原先要好的两个人，因为一些矛盾而关系恶化，多年后重逢，谈笑间，恩怨都一笔勾销了。

李叔同的一生起伏不定，他也是在滚滚红尘中慢慢学会了放下恩仇，淡然处世。在他成为弘一法师后，曾说自己在家时，一点人情世故也不懂。

其实，李叔同与其二哥李文熙之间，也是“快意恩仇”。从他们父亲去世后，李叔同就跟着李文熙学习、生活。李文熙为李世珍侧室张氏所生，父亲去世后只有16岁的他就扛起了家族重任。情理之中，他的治家风格颇得父亲的真传。

兄长李文熙沿袭了父亲严格的教育理念，对李叔同的学业督教十分严格。即便后来，李叔同也承认，“这种严格施教，对于我后来养成的严谨认真的学习习惯和生活作风，是起了决定作用的，而我后来的一切成就几乎都是得益于此，也由此真心感激我的哥哥。”

但两人在为人处世上还是有很多差异。李叔同认为，他的二哥为人势利，攀附权贵，嫌贫爱富，还把自己的想法告诉了二哥，结果被李文熙劈头盖脸一顿教训，说他有辱祖训，不务正业。两人针锋相对，不欢而散。

于是，李叔同从行动上表示了他的不满："对贫贱低微的人我礼敬有加，对富贵高傲的人我不理不睬；对小动物我关怀备至，对人我却不冷不热。"这样的反击，反倒让李叔同看破了红尘，心胸逐渐开阔了，也一点点催生了他出家为僧的念头。

正如弘一大师晚年所写："君子之交，其淡如水。执象而求，咫尺千里。"关系近了，难免会有各种摩擦；离得远些，保持适当的关系，淡淡相处，也就能恭敬如初了。后来两人天各一方，李叔同也开始自己谋生，学会了体恤兄长，双方慢慢也达成了和解。他们心系彼此，互为依靠，不似年轻时只争输赢，长兄如父的李文熙成了李叔同一生最坚实的后盾。

1897年，17岁的李叔同迎娶了天津茶商的女儿俞氏，李文熙特意从家产中拿出30万给他们作为家用。婚后，李叔同一家迁居上海，俞氏生育了三子，长子夭折，他们全家在上海生活了五六年，期间的开销，都是李家在上海的钱庄负责的。

1905年，李叔同的生母王氏在上海病故，当时有"外丧不进家门"的惯例。李叔同非常孝敬母亲，坚持将母亲的灵柩运回天津。他们兄弟之间因此意见不统一，后来在亲朋好友说和下，才使母亲灵柩归家，出殡也由正门而出。

料理完了母亲的身后事，李叔同决心去日本留学，于是便将妻儿都托付给李文熙，李文熙也答应了。留学期间，李叔同的所有开销也是由李家负担。直到李家桐达钱庄倒闭，二哥李文熙都一直好生照顾着弟弟一大家人。甚至在李叔同出家后，李文熙也一直看顾着在天津的俞氏母子。

虚怀若谷的兄长，虽然严厉，却也宽厚待他，他是影响李叔同品性修养的一位重要人物。与兄长之间的恩恩怨怨，也成了李叔同出世后自省的内容之一。

自踏入佛门，弘一法师就在传道中多次讲过，放下恩怨，解放自己。弘一法师如是开解众生：“有人问我如何修平等心，我说你家里一定有佛堂供有佛像，把你最恨的人写一长生牌位供在佛像旁边，每天香花供养他如佛。他说这样不行，我见到他就讨厌。此乃功夫不够，应再用功修，几时见到此人不觉讨厌，还要尊敬他，自他平等，心就清净了。”修行，我们还要下更多的功夫，方能大彻大悟。

《诸法集要经》有云：“是身如掣电，类乾闼婆城，云何于他人，数生于喜怒？”意思是，我们的人生如风驰电掣般一闪而过，就像乾闼婆城一样虚幻，为何要对别人生出怨恨呢？尘世间，少不了恩怨情仇，少不了利害瓜葛。如果我们总是执念于是非恩怨，不仅会了断彼此的缘分，还会加深彼此之间的伤害。

在这个世上，多一个朋友总比多一个仇人要好。我们应用一颗宽厚的心，去面对所有的是非恩怨，不必报复。若是每个人都以睚眦必报的心态与人相处，那冤冤相报何时了？相逢一笑，放下恩仇就好。

何以息谤？曰："无辩"

弘一法师在《格言别录》中写道："何以息谤？曰：'无辩。'人之谤我也，与其能辩，不如能宽。"止息毁谤最有用的方法，就是"装聋作哑"，时间自会揭露真相，证明我们的清白。

1936年，弘一法师移驻厦门南普陀寺。当天，厦门《星光日报》为他写了一期特刊，介绍了他的生平事迹。弘一法师看后，默然不语。

到了晚上，他才对随侍弟子传贯说，虽然高胜进编辑是出于好意，但实则也是一种诽谤，正如古人说，声名是诽谤的媒介。后来，他又告诫弟子，如果你被别人诽谤了，千万不要急于分辩，有很多被诽谤的人，费尽口舌去解释，结果还是吃了亏。如果你不去辩解理睬，别人也就失了兴趣，不会再继续诽谤你了。

人这一生难免遭遇各种各样的诽谤，缘何而来？《劝忍百箴》作了解释："谤生于仇，亦生于忌。"敢于承认别人的优秀，赞赏他人的出众，并不是所有人都能做到的。那些恶意的诽谤，无外乎是出于仇恨或是忌妒。一些品性卑劣的人，比不上高士的品德，便心有不甘，奋力诋毁别人的成功，恰恰是在承认自己的失败与无能。而且，这些人只敢在背后恶意中伤，来安慰自己黑暗的内心。

声名远播的孔圣人，一生都注重修身养性，尚且有人诋毁，更何况我们这些无名之辈。别人在背后对你评头论足，可见其品行不端；若是针锋相对，惹恼了他，我们将难以想象他会做出什么，但可以肯定的是，我们势必会遭受他的怒火。妥善地处理好别人的诽谤，实则是在自我修炼。

1906年，中国留日学生自发创立了春柳社，李叔同和曾孝谷是此社的中坚分子。1907年，曾孝谷读到了一部能警醒国人的小说《黑奴吁天录》，于是决定同社员们排演出一场五幕话剧。

为了饰演好剧目中的爱米柳夫人一角，李叔同拜读了关于美国南北战争的历史书籍，其中领导黑奴解放运动的林肯，说过一句让他记忆深刻的话。这句话的大意是：报纸上随处可见对林肯的诽谤，如果他读遍所有的诽谤，就没有时间和精力去办正事了。因此，林肯只关心那些自己要做的、尽善尽美的事情，并且坚持做到底。无论成败，这些诽谤都丝毫影响不了他。

如果我们听闻了别人的诽谤，就立刻辩驳解释，这样能阻止谣言的传播吗？不能，谣言止于智者，而不是止于传者。过于在乎那些诽谤，即便我们心思敏捷、能言善辩，费尽心力去解释周全，也不过如春蚕一般，作茧自缚。自掉身价、浪费时间不说，还可能越描越黑，使伤害越来越大。而且，如果我们没有坚韧的心志去面对新一轮的诽谤，就可能在牢笼里悄无声息地灭亡。

《了凡四训》告诫世人，听到别人的诽谤，哪怕流言蜚语满天飞，也和举火烧天一样，最终还是会有熄灭的那一刻。沧海桑田就在一念之间，我们不予理睬，那些诽谤甚嚣尘上之后，也终将会归于平静，任由它们自生自灭，我们只须静观其变，何必去自寻烦忧呢？

《孟子》中有一个“臧仓毁孟子”的小故事。一次，鲁平公打算去见孟子。心腹臧仓横插一脚，说孟子并非贤者，前丧父，后丧母，而母亲的丧礼规格超过了父亲，属于办丧事不守礼仪。鲁平公不辨真伪，就没去见孟子。

后来，乐正子把此事告知了孟子，孟子淡然处之，认为只要自己行得端、坐得正，就不惧闲言碎语。

在别人对自己进行言语攻击的时候，“装聋作哑”、置之不理就是最好的回应吗？也不是。我们装作不闻不问，是为了给流言降温，若是要根除一切诽谤，还是要修身养德。

无端的指责、非议，大可不必介意。若是捕风捉影、空穴来风的流言，就需要我们引以为戒，从中汲取“养分”。虽然这些流言蜚语言过其实，但如果真正地揭示了我们身上的某个短板，那就值得我们反思并做出改变，走好自己的路，用事实堵住铄金众口。为了不让别人拿住话柄，谨言慎行总是没有错的。

“不辨是非，得大自在。”对待诽谤，最好的办法就是不辩，不是因为自己懦弱，而是不必如小人一般狭隘，也不必偏执地证明自己。诽谤我们的人，都是心无定力、居心不良的人，被这样的人纠缠，一笑了之，才是智慧的化解方法。

何以止怨？曰："不争"

弘一大师引述过《大宝积经》中四句："生死不断绝，贪欲嗜味故，养怨入丘冢，虚受诸辛苦。"如果我们穷尽一生，都无法放下此生的仇怨，那么它就会一直折磨着自己，直至生命的最后一刻。

人生至死是修行，只要我们还在尘世间游历，哪怕再坚韧，也会有怒发冲冠的时候。当这种愁怨、不满、愤怒、遗憾甚至是仇恨等负面的情绪隐而未发时，它就成了心中的"怨"。这种压抑在心底的情绪，会慢慢磨灭一个人的善良，扭曲一个人的心智。要放下自己心中的怨，需要一种智慧。

如弘一法师所言，何以止怨？曰："不争。"何为不争？这是一种唯宽的态度，我们只用专注于自己的生活，不与人、不与世界相争。有了这种一切随和、凡事不争的态度，我们就会逢凶化吉，事事顺遂。

生活中，过好自己的日子，不必争。弘一法师的一生，也承受了许多的非议与苛责，好在他并不在意，而是不吭一声地继续做一个遗世独立之人。林语堂评价他是那个时代最有才华的几位天才之一，也是最奇特的一个人。

在时人看来，李叔同最奇特、最狂狷的行事，就是开设了裸体写生课程。当时的社会环境还不够开化，很多人都十分抗拒，认为这是伤风败俗、有辱学风，甚至有不少学生也很难接受。李叔同不顾众议，坚持传播开化的美育理念。在浙江一师（即浙江省立第一师范学校，由浙江两级师范学校改名而来）授课的第二年，他就把人体写生落实到课程中，后来又开设了户外写生课程，用实践证明了他的教育理念。

李叔同年幼体弱，长大后身体也多病。一些资料记载，在任教期间，他曾被人诟病为“神经病”，因为他三天两头地请假，请假原因居然是神经衰弱。李叔同倒也没把这些不堪入耳的言语放在心上，甚至在《断食日志》中写道，为了治疗“神经衰弱症”而断食18天，享受了一段身心宁静平和的日子。

所谓“夫唯不争，天下莫能与之争”，天下纷争繁多，仇怨也多，不辩不争才能潜心修行，正如“不争就是慈悲”。面对世间的诸多非议，弘一大师都不加理会，只是低头诵经，建立起与世隔绝的心墙，最后才功德圆满。

平息别人心中的怨恨，更需要智慧。南怀瑾先生曾说过：“恶业易就，善果难成，有人就是想做好事，却因缺乏智慧，弄巧成拙，无形中反而造了恶业的。”看到别人身陷囹圄，我们冷眼旁观实在说不过去，就去热心帮助，哪想别人以小人之心度君子之腹，误会了自己。人与人之间有了冲突和矛盾，滋生出怨恨，这时候就需要境界高一级的人才能化解，因为他不作争辩。

相传，有一位远近闻名的棋手，他与人论棋从未输过。一次，一位不服气的客人来问棋手：“你能看出这个棋盒里有几枚棋子吗？”

棋手垂头想了想，回道：“一共361枚，黑子180枚，白子181枚。”

客人沾沾自喜地拿出藏在手心的棋子，说：“你也不过如此啊，不懂变通！”

棋手平静地说：“是我技不如人了。”

客人得到满意的答复，大摇大摆地出门去了。

弟子十分不解，那人明明就是上门来闹事的，师父为何不争辩，也不生气呢？棋手解惑说："明知他是无理取闹，我们就不必自降身价与他争论，那样只会浪费时间，破坏心情，甚至还会把事情闹大，得不偿失。"

我们都知道，冤家宜解不宜结；如果怨怼已生，仇恨已有，那就立刻停止争执。怨恨本就是自己感觉利益受损，与人斗争之时萌发出来的，而争执只会加深双方的矛盾，增加怨恨。两虎相斗，必有一伤，人受到了伤害，难免一时激愤。我们要互相理解，尽快地冷静下来，你不同他争论，事情慢慢就会平息，别人自然也会心平气和下来。

不争，带给我们的是一场清净修行，能洗涤自己心灵上的尘埃。曾有人对一位禅师恶语相向，禅师心胸开阔，没有反唇相讥，而是开解"他非我不非，我非自是左"。他对辱骂自己的言辞置若罔闻，还对辱骂之人怀有一颗悲悯之心，这就是佛家风范。

我们不是至圣先贤，没有修行到最高境界，就不可能对所有的怨恨都无动于衷，那么该如何化干戈为玉帛，泯灭所有的怨恨呢？弘一法师曾说过"留一步让三分"，我们给别人让一条路，让别人带着坏情绪先走；自己要懂得控制好自己的情绪，迫使自己不争。百炼钢都能化为绕指柔，只要我们保持怒而不争的理性，想象自己已置身事外，就能"留一步让三分"了。我们退让了，就能保持一份好心情，继续往前走。

没有人喜欢和一个得理不饶人的人打交道。世间诸多美好，何必鼠目寸光，一生抑郁呢？我们需要宽容别人的恶言厉色，把自己和别人都从怨恨之中解脱出来。

宽恕别人，其实是放过自己

在教育学生时，李叔同说，不能因为别人误解你、指责你，就感到愤怒不已，那样只会让大家都不愉快。每个人都应该学会宽恕，这不仅是对别人的谅解，也是对自己的解脱。

在任教期间，李叔同亲手编排了一本教科书。一位学生发现了教科书上一处编排的错误，便与同学说：李叔同一点儿也不负责任。经审核以后，才发现是因为当时的印刷技术有限，导致在排版时出现了失误。李叔同本可以拿这来辩解，但他没有如此，也没有责备学生多此一举，而是表扬了这个挑刺的学生。

弘一法师在研读《格言联璧》时，尤喜欢这样一句话："人褊急，我受之以宽宏；人险仄，我待之以坦荡。"这就是说，遇到狭隘浮躁的人，要用宽宏大量来接纳他；遇到奸险狡诈之人，要用坦荡之心来对待他。他以此作为自己的人生格言。

宽恕，可以让人在待人接物时保持平和的心态。曾经有人问弘一法师："如果你受到了伤害，应该怎么办？"弘一法师从容地回答了两个字"宽恕"，并补充说，宽以待人，严于律己。发生不愉快的时候，我们进行一下换位思考，若自己伤害了别人，心里是否有愧疚和不安？我们是否希望得到对方的宽恕与原谅？在理解别人的心情和做法以后，所有的不愉快似乎都可以释怀了，这就是让自己解脱。

习惯于宽恕别人，我们就会把每一次和他人的遇见都当成一份礼物，如此才能广结善缘。

李叔同家里经商多年，他便学着和别人一起做生意。那时，有个做事稳妥的小伙子，总是控制不好自己的情绪，常常在不经意间就出言不逊。好在李叔同十分随性，听他说完了各种难听的话后，还好言好语地开导他。虽然小伙子也虚心受教，但也维持不了多久。

有人会说，宽恕多了，就成了没有原则、没有底线的放纵了。但事实并非如此，在宽恕别人的过程中，我们也是在与当时并不完美的自己和解。你会发现，宽恕别人，也会让你变得越来越成熟稳重，让你的步伐越走越轻松。

曾经有一个住在城内的商人，平日里积德行善，为人宽厚。正逢清兵前来攻打，全城仓皇逃窜。这晚梦中，菩萨对他说："你前世杀了王将军二十六刀，今世必须偿还了，若是你逃走了，就会连累全家。"

五日后，城门守将一批批战死。破城之时，商人让家人都躲在厢房里，自己端坐于堂前，等待赎罪。铿锵的脚步声越来越近，院门被打开了，商人视死如归地对来人说："阁下可是王将军？我已等候多时，快些了结了前世的恩恩怨怨吧！"王将军十分不解，商人便将梦境如实相告。

"前世你杀我二十六刀，我今世若是刺你二十六刀，那来世岂不是我要还你二十六刀，冤冤相报何时了？"说罢，王将军便以鞘代剑，在商人背上敲打了二十六下，便疾驰而去。

宽恕就是最好的解脱方式，将兵刃相见换成刀鞘敲打的超然不是谁都能有的，但恰恰是这种超然斩断了恶性循环。你的礼让、宽仁，体现的是你的涵养，得到的是对方的愧疚，还能换来旁人的赞赏，可谓是一举多得，这也许就是佛法里所说的“忍让可以养福”吧。

宽恕别人或许不是一件简单的事，但也没有我们想象中那么难。只要不是原则性的问题，我们就可以选择宽恕，这是给别人悔过的机会，也是给自己重新开始的机会。牢记“忍得一时气，免去百日忧”，哪怕面对再多的不快，我们也要为了自己身心愉悦而选择宽恕。谁没有年轻气盛的时候！如果总是硬碰硬，那早不知流了多少泪，淌了多少血了。忍一忍，就能换得一片宁静。

我们不要对别人寄予太高的期望。我们只能改变我们自己，让自己率性一些，大家都是凡夫俗子，谁能完美无缺呢？一个人不能宽恕他人，实质上是不愿意放过自己。对他人记恨越深，对自己伤害也越重。宽恕越多，我们就能越轻松，享受到越多的幸福。这样一想，所有忧心烦恼都能烟消云散。

也许，宽恕只是当下的一个决定，只是一种短暂的解脱，别人带来的伤害一直还在，那我们一定要适时地调整自己。宽恕别人就是一种自我止损。别人是别人，你是你，犯不着在别人的世界里消耗自己，毕竟我们还要活出自我，活出自己的人生。

包容别人的小过错

1912年至1918年，李叔同任教于浙江省立第一师范，1915年兼任南京高等师范学校图画和音乐课的老师。他以丰富的专业艺术知识、“温而厉”的教育方法，熏陶着每一位学子，并广受学生们爱戴。

后来，著名记者曹聚仁回忆起李叔同时说：“在我们的教师中，李叔同先生最不会使我们忘记。他从来没有怒容，总是轻轻地像母亲一般吩咐我们。”李叔同正是这样一位有容乃大的教育先锋，如和风细雨般滋养着学生们的艺术灵魂。

有一次音乐课结束了，最后一位学生急于回家，冒冒失失地摔上了门，发出了很大的声音。李叔同把这个学生叫了回来，严肃地轻声说：“下次走出教室，请你轻轻地关门。”说罢，对他鞠了一躬，将他送出门，自己轻轻地把门关上了。

在他的音乐课上，曾有不唱歌却偷偷看课外书的学生，也有随地吐痰的学生，还有其他言行不端的学生。无论课堂上发生了什么，他对学生总是宽容以待，指正也是选择私下委婉地教诲，甚至低声细语。训导完以后，他还会向眼前的学生深鞠一躬，既让学生明了事理，又给足了学生尊重。

“虽平时十分顽皮的一见了他老人家，一入了他的教室，便自然而然地会严肃恭敬起来。但他对学生并不严厉，却是非常和蔼的，这真可说是人格感化了。”在得意门生吴梦非的眼中，李叔同已经达到了包容学生、感化子弟的教育境界。

人无完人，任何一个人都没有资格站在道德的制高点上对别人求全责备。世间难有绝对的是非对错，衡量对错的道德标准也是由人来确定的。大多数情况下，我们都会认同一个道德准则，但这也不意味着每个人都能做到意见一致。公正严明是好事，但一定要适度，用一颗包容之心对待旁人，这样才能博得大家的尊崇。

在一次素描课上，李叔同让学生临摹最前方的石膏模型。一位叫李鸿梁的学生，为了看得更仔细，便凑到了模型前，挡住了其他学生的视线。正为同学改画的李叔同，见他行为有失，便请李鸿梁让开。当着一众学生的面，李鸿梁觉得有些丢面子，心生不满，回到座位后，故意大声敲击画板。

李叔同并没有再多说什么，下课后将李鸿梁约到自己的屋子，对他说：“你上午是不舒服吗？如果以后身体不适，不必勉强。”寥寥数语，宽待学生小过错的包容大度，让李鸿梁终生难忘。

《汉书·东方朔传》载，东方朔在劝谏汉武帝时，说过“水至清则无鱼，人至察则无徒”。所以，皇帝所戴的礼帽，前后饰有玉串，除了让大臣难见龙颜，也让主君能够睁一只眼闭一只眼，对于臣下所犯的小错能既往不咎。历史证明，宽厚仁爱的君主普遍都得到了臣民的拥护和爱戴，而那些暴戾专横的君王则是遗臭万年。

古往今来，人们总是更喜欢与待人宽厚、适可而止的人打交道，而那些总是对别人斤斤计较的人，往往没有人愿意与之为伍。《格言联璧·接物类》中有言:“宽着以心待同群，须如一片春阳，无人不暖。”人与人相处时，包容可以传递出友爱、善意的信号，比一味地挑剔与苛责，更容易走进别人的内心。

在一节钢琴课上，李叔同亲手示范演奏技法。为了让每个学生都能细致地看到，他让学生们分为几个小组，分批进行观察、学习。其中有一组在观摩时，有个学生放了一个屁，虽然没有声音，但味道很难闻，学生都用手捂住了鼻子。李叔同继续弹着琴，只是微不可见地皱了一下眉头。临近下课的时候，他对全班的学生说：“同学们，以后忍耐不住的时候，请一定到外面去，不要在室内。”说罢，他给学生们鞠了一躬。

包容别人的小过错，需要一颗博大的心。人与人之间的价值观有差异很正常，认知能力和自控力也千差万别，因此对于别人的一点小差池，我们实在不必耿耿于怀。若是愿意帮助别人改正不好的行径，就应该好言相劝；若是不想去费力改变，就用宽和的心态去对待那些自己不认可的看法与做法。

俗话说，有人的地方就有江湖，有江湖的地方就有纷争。其实，这些纷争与矛盾，都是大家锱铢必较的结果。联合国教科文组织将每年的11月16日定为“国际宽容日”。今天的我们，若能包容亲人的小情绪、孩子的小失误、同事的一时失言……相信在明天，我们也会被他们用爱包容。

若要批评别人，就自己不吃饭

高门大族出来的李叔同，身上没有沾染一丝封建贵族的骄横傲慢之气，他永远保持着谦逊谨慎的处世之态。出家以后，弘一法师也是严格持戒，不时地告诫自己，要似凛冽秋风般，严格约束自己；要似和煦春风般，对待他人。

1937年，弘一法师随梦参法师一起，去青岛湛山寺授课弘法。那时，弘一法师正在持戒期间。第一回，侍者给他精心准备了四个菜，弘一法师只看了一眼，未动；第二回，饭菜差了一些，但弘一法师还是连筷子也没动；第三回，侍者只准备了两个菜，他仍旧不吃；最后，侍者给他送了一份僧众都吃的饭菜，弘一法师才开口道："其他人也是吃这些吗？若不是，我便不吃了。"

当时，梦参法师和传贯法师如坐针毡，因为除了他们两人，没有人能接近弘一法师，或许是他们俩无意间惹起了弘一法师的烦恼。两人商量着去了弘一法师的东厢房，在弘一法师面前请求忏悔。弘一法师摆了摆头，说："与你们毫无干系。"

两人顿悟，弘一法师是在用这个方法，消解别人带来的烦恼。后来，梦参法师回忆说，若是你惹着了弘一，他本该是要生很大气的，但他只是不吃饭、不说话。哪怕别人再过分，他也不忍心说出一句指责的话。那心中的烦恼如何破解呢？弘一法师就开始自我清修，自我忏悔。

在青岛时，弘一法师授课开示，以“律己”为题。他以身讲法，说自己幼时在天津，整天指手画脚，只顾着指责别人，结果被自己的一位表哥用手指着说：“你先说说你自个儿！”

后来，在为人师表时，李叔同在批评学生前，就会自己不吃饭。和他长期相处的学生们都知道，每逢老师不吃饭了，那就是自己有过错了，学生们就赶紧自查、改正。李叔同一言不发，并非是小肚鸡肠地怄气，而是在忏悔，反思自己的德行该如何感化做错的人，让别人能够引以为鉴。

在离开青岛前，弘一法师还为诸多同学和信徒写了“以戒为师”的小中堂相赠，可见他对戒律的赤诚之心。

佛教十戒中，有一戒为“不妄语”，也就是“口戒”，意为不搬弄是非、不出口伤人。既然不能出言批评别人，那么自己应该如何面对别人的错误呢？在弘一法师看来，就是要帮忙掩藏别人的不好之处。何谓“掩藏”？一是自己不言不语；二是自然而然地引自省。

不言不语，是强迫自己冷静下来，与自己的灵魂对话。别人所犯的错，与自身有何关系？自己是否也犯过相同的错误？哪种指正的方式会被别人接纳呢？说到底，就是要好好审视一下自己，你是否有资格、有能力去批评别人。“不言不语”的自我反省，是一种有担当、有肚量的表现。

而且，不言不语是在低调行事间蕴藏着一种含蓄美。很多人看到了别人犯错，不是冷嘲热讽，就是当头棒喝，可别人怎么会不知自己有错呢？此时，你的任何言语都是多余的。弘一法师也领悟到了这一层，因此别号“二一老人”，其中的两个“一”解释为“一事无成人渐老，一钱不值何消说”。如果别人还未察觉自己的错误，那我们也没必要直言不讳。因为，往往这种脱口而出的批评，缺乏周全的考虑，反而会引起别人的抵触与不平，正所谓“言多必失”。

有一回禅院里新收了一个弟子，他常常在夜幕时分偷溜下山去玩，又在天亮前赶回来。一日天黑了，闲庭散步的禅师瞧见了墙角边有张高脚凳，猜测应该是有弟子贪玩偷跑出去了。禅师不急不慢地挪开了凳子，在墙角盘腿打坐。

晨光熹微之时，禅师听到了细碎的脚步声，他赶紧弓起了身子。弟子轻车熟路地翻墙而过，当他落地时，才发现踩到了自己的师父，顿时如惊弓之鸟，一动不敢动。禅师只说了一句“快回去睡会儿吧”便转身离开了。

自那以后，弟子每天都提心吊胆的，生怕师父当众批评他，但一天天过去了，大家都相安无事。弟子渐渐平复下来，潜心修炼，再也没有偷跑出去了。

引导别人纠正错误，最好的方式应该是在潜移默化中引人自省。《旧唐书》曾言：“以铜为镜，可以正衣冠；以古为镜，可以知兴替；以人为镜，可以明得失。”把优秀的人当作典范，才知晓自己的不足。但并非每个人都有这样的自省意识，当别人看不到自己所犯的过错时，我们有所作为才是合理的。

我们难以效仿弘一法师的“不吃”“不言”，故而要懂得采用迂回的战术：在指正他人之前，先弥补自己身上的不足，这样自己才能令人信服；在表达自己的意见时，一定要保护好别人的自尊心，言辞恳切，让别人在混沌迷茫之际，仿佛醍醐灌顶一般，找到自己的问题根源。

在他人犯错时，与其费心费力地监督、教育别人，不如引导其拥有自省的意识。学着认识自己的错误，用一颗坦诚的心去面对，我们才能在忏悔中成长。

规过劝善不强求

《论语·里仁》中，子游曾说，君主若有不正之处，臣子就有责任去劝谏，但劝说多次，君主都是置若罔闻，那就不必再勉强他了，否则就是自取其辱。朋友间也是如此，过于严格地要求、反复地劝说，只会让彼此的距离越来越远。

明代哲理著作《呻吟语》中曾说，弯曲的树木不喜丈量直线的墨绳，冥顽不灵的石头厌恶被打磨得圆润规整。可见劝人向善，不可不慎重，否则容易事得其反。虽然弘一法师一生都在行善、劝善，但他从未强迫过任何人做到尽善尽美。

在浙江一师的时候，一向沉默寡言的李叔同，主张“不言之教”，不把自己的意志强加在学生身上。每次课前，他都提前在黑板上写好教学大纲，静静地等待学生。以门为界，门外喧嚣，门内悄然，谈笑风生的学生们一看到李叔同在教室，便自觉地压低声音，等待上课，而李叔同始终无言端坐。

李叔同安排学生每周上一次钢琴课。前一周，他会亲自弹奏，示范给学生听，再讲解一些乐理知识。课后，学生要私下练习以备“还琴”，即在第二周的课上弹奏出来。

丰子恺的绘画天赋很高，但音乐资质平平。有一次“还琴”课上，他过于紧张，一曲下来，出现了很多错音。每弹错一次，李叔同就抬头看他一眼。听完后，他不加斥责，只让他下次再弹一次。后来，再有学生弹错，不等老师说，就主动要求下次重弹。

丰子恺曾说，老师每看他一眼，他就心跳加速，比受到严厉地批评更有效。这对他后来的人生产生了深远的影响，每当丰子恺不慎做错时，都会想到老师的“那一眼”，主动改正自身。

规过劝善，是件相得益彰的好事，如《弟子规》所说“善相劝，德皆建”。看到他人言行有失，如果我们没有好心规劝，对彼此的道义都是一种亏欠，还可能导致日后生出嫌隙。好友之间就应当互相劝告，这样双方都能提升自己的品格修养。

孔子教导子贡，和朋友相处，就要“忠告而善道之”，尽自己所能，由衷奉劝，正确地规导他；若朋友并不领受自己的好意，莫要强求，“不可则止”。事业上的朋友相处，我们更需注意，要在朋友能接受的限度里善意规劝，即便不相谋，也能做朋友。

大儒王湘绮曾是曾国藩府中的幕僚，两人开诚相见，后来还并肩作战。在曾国藩率领湘军镇压太平天国时，局势对湘军不利，王湘绮欲请辞而去。

曾国藩知道王湘绮胆小怕事，也想着让朋友安稳回家，但一直忙于军务，没来得及批示他的请辞公文。这晚，曾国藩想找王湘绮出个主意，就进了他屋，发现他正在读书，便没有出声打扰。等了半个多时辰，还不见动静，曾国藩就悄悄离开了。

第二日一早，曾国藩叫来王湘绮，送了盘缠，互相作别，便各奔东西了。有人好奇怎么突然就送行了，曾国藩说，他去意已决，朋友之间，不应勉强行事，而要彼此成全，而且自己也不能护他万全。原来，在等候的半个时辰里，曾国藩看到王湘绮一页未翻，可见他是在想心事。

睿智如曾国藩就懂得，与人相处时，劝告不越界，要求不过分，拿捏好分寸，自然就守住了每一段善缘。

弟子曾经问孔子要怎样和朋友打交道。孔子解释说，对朋友提出忠告时，要有所保留，不能一股脑儿都说出来，否则就是自取其辱。对于犯错者，弘一法师也是持有这样的心态，不多言、不期望，别人的是非对错，劝诫以后，顺其自然。

不必因为自己付出了善意却得不到回应而耿耿于怀，这就是不强求。遍寻世间，我们也难以找到一位完美无缺的人。人在，遗憾常在，即便我们好心指点、引渡别人，别人也是有权拒绝的。既然我们从未奢求过回报，别人做出任何的回应，我们都应当尊重，并且接受，毕竟改正与否的最终决定权还是在别人手中。

世间万物，总是一波才动，万波随之。我们得有海纳百川的胸怀，在付出真心时就要明白，无论结果是好是坏，都将无损于我们的善心善行。我们所做的，是基于本分。

以真诚之心赢得敬仰

一个巧言令色、投机取巧的人，骨子里就透露着虚伪与谄媚，别人会远而避之；一个表面和善可亲而内里存心不良的人，终会露出本来面目，惹人厌弃。人怀有一颗至真至诚之心，才能赢得世人的敬仰。

“活在红尘中，而非让红尘活在自己心中。”用这句话来形容弘一法师，再恰当不过了。虽半世形居尘俗，半世仙风道骨，但弘一法师一生，对文学艺术、佛学修行，都一以贯之地真诚。

李叔同幼时在津，与众多仁人志士相识、相交，游历艺海，陶养情操。期间，他广泛研习诗词、书画、篆刻、戏曲，与诸多艺术翘楚学习、切磋。在天津的那些岁月，文学艺术就是他生命里的光。

后来，他凭着一腔诚挚，成了中国近代艺术界的一道光。李叔同南迁在上海的五六年间，他跻身“天涯五友”之一；进入南洋公学后，他秉承着豁达之观、极高的艺术造诣，深受同学们的推崇；赴日求学前，更是写出了“二十文章惊海内，毕竟空谈何有”的名句。留学海外以后，他潜心学习音乐、绘画艺术。在学习钢琴时，他手指的间距不够长，为此他特意去做了手术。学成归来，他仍旧醉心于艺术，以一颗赤子之心集文化大成于一身。

从学子到大师，艺术就是李叔同的一生，是他耗尽毕生心血、真诚以待的事业。正是这种发自内心的真情实感，使李叔同在艺术创作上屡攀高峰，而蕴含其中的人生哲思也显得弥足珍贵。

有人说，真诚是艺术最基本也是最高的要求。追求艺术，本质是在追求生活之美。没有真诚，我们将会错失多少发现美、创造美的机会！唯有真诚，能让人领悟人生的意义，带人抵达常人所不能及的境界。

与青灯佛经相依为伴时，弘一法师在修行上始终虔诚。弘一法师在剃度为僧前，只皈依了三宝，在虎跑定慧寺以居士修行。当时他还任教于南京高等师范学校，他不得不奔波于杭州、南京两地，十分辛苦，不日就身形消瘦了。

朋友夏丏尊见状，十分不忍。不料弘一法师欣然说，这是他的信仰，不能随便迁就和更改。

夏丏尊“激愤”地说：“这样做居士究竟不彻底。索性做了和尚，倒爽快！”

弘一法师一听，理当如此，便在这年的暑假，安置了自己的东西，带着几件衣物和日用品，去了虎跑定慧寺。剃度为僧后，他一心修行。曾被称为最难修的四分律宗，就是由弘一法师重兴的。为了振兴律学，弘一法师以戒为师，潜心钻研，为后人留下了《华严集联三百》《四分律比丘戒相表记》等佛学经典，大师的真诚之心可见一斑。

真，是事物最原始的面貌，是我们心底最简朴的想法；诚，是一种确确实实的存在。真诚，不以外物而变，亦不因心境而变，就是历经千帆仍旧始终如一。一个人是否真诚，从他的一言一行中都能看出来。如弘一法师所言，他只想用最诚挚、纯粹的灵魂，感悟佛法之道，这正是我们眼中的他。两相比较，别无二致，也是真诚。

真诚之心，在这花花世界里，是至真至善的珍宝。有人喜欢人世间的坦荡，有人崇敬生命里的真诚，有人敬仰举手投足间的善良，所有的美好，我们都能用一颗真诚的心换回来。你以真诚的面目示人，别人才会真心相待，这就是互相信任。

其实，无论做什么事情，只有真诚，才会用心去做。在爱人、朋友、事业面前，我们一定要老实做人，坚持不说谎言，哪怕是善意的谎言，也需要我们费神来掩盖。学着去相信别人吧，在一个虚伪的世界里，人人都想要真诚，但人人都不敢真诚。如果我们能如弘一法师这般，真诚对待万事万物，感化他人，就能获得别人的认可。

王阳明先生说，在我们心中都藏有无尽的宝藏，只要我们愿意挖掘潜藏的美好品质，一定可以成为一个真诚可信的人。做一个真实的人吧，摘掉一切面具，直面真实的自己；敞开心扉，让别人如沐春风。

第三章

欲望越少，自由越多

人生有两个至境：

一个是知道，一个是知足。

知道，让人活得明白；

知足，让人活得平实。

醉心于名利，便会被名利所缚；

太在乎褒贬毁誉，必会患得患失。

欲望越多，束缚越多；

欲望越少，自由越多。

祸莫大于不知足

在读到《格言联璧·持躬类》时，弘一法师摘录了“安莫安于知足”一句，即想要心安理得，就要学会知足，若是欲壑难填，只会招致祸患。弘一法师有一幅书法作品，仅有二字——“知止”。何谓知止？懂得知足，且适可而止。

波谲云诡的清末年间，以康有为、梁启超为首的青年们联名上书，掀起了一场“戊戌变法”。当时的李叔同也是支持西学的一分子，十分憎恶腐朽的封建礼制。为了表明救亡图存的心迹，相传，李叔同亲手篆刻了一块印章，上面印字为“南海康君是吾师”。

可惜，时局混乱，新生势力薄弱，“戊戌六君子”被杀，变法终究化为泡影。那时的李叔同，虽有鸿鹄之志，却深知自己没有救国之力，便及时止损，抛弃了十几年积累的荣华与声名，抱憾离开了天津，避开了这场政治惨祸。若是当时李叔同不懂得适可而止，反而殊死力争，就可能成为刀下亡魂。

道家经典《老子》提到，“祸莫大于不知足”；佛教中的“五毒心”之说提及，贪欲是众生皆苦的根源；西方宗教里，贪婪是七宗罪之一。欲望本是无罪，佛陀也曾说过，欲望催生了世间万物，可通善，也可接恶。若是及时知足，这欲望便是善欲，可有多少人能做到知足呢？知足不易，知止也难。

曾经有个寻宝者孤身前往沙漠，天气燥热，他带来的干粮和水都快没有了。他继续往前走，却怎么也走不到沙漠的尽头，不由得害怕起来："我不会死在这儿吧！"

这时候，佛出现了，为他指明了方向，还给了他干粮和水，这足以让他安全地走出沙漠。

顺着出路，寻宝者发现了宝藏，他欣喜若狂地挖出了全部的宝藏，把身上所有的口袋都装得满满的，还扛上一大袋，才继续出发。慢慢地，他就体力不支了，干粮没了，水也所剩无几了，一眼望去，顺利走出沙漠的机会十分渺茫。即便如此，他都没有想过扔掉身上的宝藏，给自己减负。

所谓"人为财死，鸟为食亡"，便是这个道理。人往往是被自己的贪婪所累。永不知足的人，必会在人生的沼泽中越陷越深，直至被吞没。

想要轻松生活，想要简单快乐，就不要过分贪婪。珍惜自己已有的，学会理性拒绝。这种进退得宜，在李叔同的人生中随处可见。对待人生中的爱恋，他也是个智者，知足常乐，适时脱身，及时避祸。

一表人才的李叔同，无论在哪儿，都能博得众多异性的青睐。在上海时，他在城南文社中与友人一起吟诗唱和，一时在各种风月场合中放浪形骸，直到他遇见了上海名妓李萍香。

李萍香很有才情，出版了几部诗文集，被时人誉为"诗妓"，声名鹊起。李叔同就这样拜倒在才貌双全的李萍香裙下。两人惺惺相惜，寄情诗文，互诉衷肠，李叔同还专门写了诸多诗文相赠。

神仙眷侣般的生活，很快就走到了尽头。母亲病逝，对李叔同的打击颇大，他扶棺回津后，决意告别那些声色犬马的日子。他以"梦醒扬州狂杜牧，风尘辜负女相如"作别了昔日的情人，不再贪恋温柔乡，斩断了这段情缘。

懂得知足的人，遇到再多的遗憾，也依然能一生欢喜。《佛遗教经》有言："行少欲者，心则坦然，无所忧畏。"越是寡言少欲，心胸越豁达，所有的得失，在眼中都是一道风景。

我们总是艳羡别人的美满生活，殊不知有多少人也在羡慕我们的生活。如果我们一直盯着虚无缥缈的事，就会渐渐心理失衡，攀比、妒忌等消极的情绪都会蜂拥而至。人生漫长，我们可以盼望着有美好的未来，但不能一味地在外界寻找一份充足感。这种短暂的充足感，会让我们越来越空虚。

真正能让我们生活富足的，是我们内心的充盈。杨绛先生说过："世界是自己的，与他人毫无关系。"有太多的不快、纷争，都是因为不知足而起，当所有人都开始争名逐利，这个世界就显得乌烟瘴气了。

人生是有局限的，爱不得，故生恨；长相处，便生厌。不必贪求一个圆满，放下心中的执念，舍弃那些空乏的爱欲、财欲、名欲，让自己享受当下，这才是生活的真谛。

戒绝奢华，一切从简

剃刀一起一落，李叔同的红尘之路走到了尽头。如散落于地的头发一般，弘一法师亲手拂去了凡世的荣华富丽，一切从简，踏上了返璞归真的修行之路。

中国佛教有八大宗派，其中律宗持戒最严，苦修最深，而弘一法师毅然皈依了这个宗派。过去，“桐达李家”盛极一时，他过惯了锦衣玉食的日子，哪怕后来李家没落，他的生活也是丰衣足食。到他出家时，他所收藏的金银财宝、书画金石数不胜数。为了戒绝奢华，弘一法师花费了大半年的时间遣散财物，把珍视的金表、字画全部赠予友人，把津沪的房产分置给家人，把薪水全额配置出去……他只一身衣裳、一套被褥、一双鞋，就出家了。

有几人能够率性摒弃一生的身家财富，从此两袖清风，徒步行天下呢？也只有弘一法师这样的人能如此安然地“化繁为简”了。友人姜丹书听闻李叔同出家为僧，赶往他的书房一探究竟，却只见家徒四壁，案上有小半截残烛，一支断笔和一篇为其亡母撰写的墓志铭。此时的弘一法师，已然断绝了世俗杂念，只有一心出世的平静与舍得。

“大道至简”，想要得道，就要抓住根本，把可有可无的东西摘除。弘一法师深谙其道，所以在后半生的修行中一直奉行“极简主义”。虽然他拥有的物质财富几近于无，但他的身心越发地自由畅快，不受俗物的束缚。

出家期间，弘一法师严守戒律，时不时断食清修。在不断食的日子里，他也只吃简单的素菜，比如“清水煮白菜，用盐不用油”，对于信徒供奉之物，他都一律谢绝。梦参法师曾说过，给他一碗粥或是一个馒头，他就这样吃了。在弘一法师的眼中，吃饭只是为了能继续修行，越简单越好。

据梦参法师所说，自出家起，弘一法师就住在茅棚中，风雨不改。在南普陀寺修行时，他竟然住在“唐朝的那一个洞里头”。但他最喜欢在福建住，就是因为那儿温度适宜，只穿一个中褂即可，而且弘一法师的每件僧衣都缀满了补丁，有些补丁还是他从垃圾堆里拾来的破布条。

有一次，夏丏尊去寺庙探望弘一法师，却看到他卧在一卷烂席上，身盖一床旧褥，还用一块抹布般的毛巾洗脸。夏丏尊便想着给法师全部翻新一下，弘一法师却说，这些老物件都还受用，不必换了。

去青岛传道时，同行的僧人都带了不少的行囊，唯独弘一法师就背了一个破麻袋，里头装着一套僧衣、一双鞋，另外就是几本律学的书、装着碎稿纸的竹盒。除此之外，他手上还拿着一把雨伞，这把伞跟了他二十多年，也不曾换过。一身轻装，一路便意。

物质上，弘一法师抛弃了繁文缛节和各种仪式，饮食用度，能省则省。物欲弱化，生活至简，但“竹杖芒鞋轻胜马”，弘一法师的修行境界越来越高了。尘世杂念，早已被抛之脑后，弘一法师把全部的心思，都放在研修和弘扬律宗佛法上。精神至简，方得修行圆满。

真正厉害的人，能够简化自己的欲望。人的一生，每天都可能遇到一个心动的人，或者受到钱权的诱惑，若是控制不住自己，就会被各种各样的欲望牵着鼻子走，人生的意义并非如此。当你懂得简化自己的欲望，就会领悟到自己存在于世的另一种意义。

物质也好，精神也好，一切从简，就是在让我们自己解脱。衣物、钱财这些身外之物，只能为我们镀一层金，满足我们的虚荣心。况且这些东西稍纵即逝，我们抓得越紧，它们贬值的速度越快。如果把它们当作自己的底气，那就更是无稽之谈了。摆脱了世俗的欲望，你会发现，自己的压力小了，自信多了，生活也腾出了更多的时间。

弘一法师曾说过：“于生活，应要戒绝奢华，一切从简。”大多数人并不是真的需要富贵、声名才能证明自己的存在，只是因为他们内心的欲望在不停地叫嚣。去掉这些多余的执念，静下心来，至简生活，亦是智慧人生。简单的生活也是一种美，佛语有云：“一花一世界，一叶一菩提。”若本心纯真，尘世繁华皆可简。

以一颗没有功利的心去生活

生活的目的，不是用名利来标榜自己，而是用心去感受平凡岁月里的一张一弛。保持一颗平常心，不再看重功名利禄，也许会和更多惊喜不期而遇。无论自身境遇如何，李叔同在生活中，都是尽兴而为，又顺其自然，终生从容不迫。

在动荡的清末，中举登第仍是诸多读书人的心之所向。幼时的李叔同也背负着显祖荣宗的责任，但他没有被一颗功利心束缚住。在科举应试同时，他还发展了许多兴趣爱好，接触了不少西方文化，可以说是在艺术上入门了。

在长达八年的科举教育中，他反复钻研八股文写作，精心抄写应试要则，其文章在辅仁书院中是数一数二的。在1897年、1898年这两年，李叔同两次应试，写下了《行己有耻使于四方不辱君命论》《乾始能以美利利天下论》两篇文章，针砭时事。接连几年，李叔同仍旧屡试不第。自1903年在河南开封的一场乡试中名落孙山后，科举考试中就再也没有出现过他的名字了。

从李叔同后来的学术生涯来看，他长期参加科举考试，不过是为了达到家族的期望罢了。放下家族的希冀后，他的精神更为自由洒脱，生活状态也变得超凡脱俗。李叔同一生中最畅快淋漓、最与世无争的日子，当属在城南草堂闻名沪上文坛的那几年。

上海南郊的城南草堂刚一落成，公馆主人许幻园便以文会友，在这儿成立了“城南文社”。1900年，许幻园、李叔同、袁希濂、蔡小香和张小楼五人，在此结为“天涯五友”。五位名流，诗文相和，恍若置身于桃花源之中。在许幻园笔下，“往往与两三知己，即景联吟，颇得佳句”。此时的李叔同，全然不受科举不第、变法失败的影响，在环境静谧的公馆里，创作下了《送别》，生活好不惬意。

日子的安稳，源自灵魂深处的淡泊。李叔同一生也是浮浮沉沉，也有说不完的遗憾与悲伤，但他始终平静、淡漠地看待名利得失，感悟了生命与修行的最高意义。

彻底地抛下那颗名利心，正是在李叔同教育事业上正盛之时，他选择遁入空门。他在杭州、南京任教多年，称得上是中国近代教育界的大师级人物了。正是这段边教学边修行的经历，让李叔同的心境愈发澄明，行为也更加自在坦荡。在尝试断食疗法时，“空乏其身，饿其体肤”让他洞悉了本我的价值，视名利如过隙。为了获得真正的自由，他辞去教职，深居寺庙，专心修行。

弘一法师的佛学造诣如此之高，离不开他的超然与旷达。生活中的乐趣和美好，都是由一颗平常心来发现的，而怀着功利心的人，往往只能看到生活的消极面。

有上进心固然是好，这样对未来才会有希望，但这绝不意味着功利心。一个人的功利心太强，必然会斤斤计较，过分地渴求身外之物，结局大都是可悲的。有时候，过于功利，反而会事与愿违使功名远去。我们若长期如此功利，会发现越来越多的人离我们远去，甚至在难过、孤单的时候，都得不到一份慰藉。

自己以一颗没有功利心的生活，才能好好享受生活的意义。不要因为自己没有做“名垂千史”的高价值事情就妄自菲薄，没有谁的墓志铭上，记载着人生每时每刻都在奋斗。给自己的压力越大，自己越容易在某一瞬间崩溃；让心灵充分地放松，或许能创造出更多的价值，正如庄子所说：“无用之用，方为大用。”

一路前行，为的不是让复杂的世界拖垮我们，而是让自己纵情于大千世界。想要追求更高的境界，就不要被各种名利所蛊惑，要学会适当地放下名利。

一家茶馆的主人，做生意十分随性，有客人时便招待；没客人时，主人就躺在摇椅上，听着小曲儿。一天，店里来了一位古董玩家，见了店里一个紫砂壶，想要高价收藏。主人听闻价值不菲，犹豫了许久，还是拒绝了。

从这以后的每天，主人都早早地来开店，整日坐立不安的，时不时地去看看紫砂壶是否完好无损。周边的人听到了这个消息，纷纷前来观赏，不少顾客悄悄问他有没有其他藏品，甚至还有亲戚过来找他借钱。直到一个晚上，小偷翻墙进来准备偷窃，被逮个正着。

第二天一早，店主人就当着小偷和邻里的面，将紫砂壶摔碎了，众人傻了眼。但茶馆主人的生活却平静了下来，他又重新哼起了小曲儿。

常人很难在功利的诱惑下岿然不动，如果选择放弃这些功利，我们的内心和生活都能挣脱俗世的束缚。

顺从自己的本心，不必在意我们在未来能得到多少回报。如果对某件事情有兴趣、有热情，就放手去做；如果做不下去，就暂且放一放。当我们不再唯利是图，才能走得更远；慢慢悠悠地生活，才会过得更快乐。

心志不为外物所移

滚滚红尘，浩浩荡荡，想做到心若磐石、清净于心，是一场艰难的修行。心若磐石，不是冷漠无情之意，而是说，意志坚定，不为金钱、名誉、地位等外物所移。李叔同就有这种居于闹市而沉静、处于鼎沸而无畏的平稳之心。

清末年间，科举被取缔，各种新文化尚在启蒙，一心只读圣贤书的世家弟子可谓是“百无一用”。不忍心看着中国被列强摧残，李叔同决心学习新文化，振兴中国，便加入了留学的队伍，前往日本。临行前，他以一首《金缕曲》起誓：“是祖国，忍孤负！”

在日本留学期间，音乐、话剧、油画等各种形式的艺术，令李叔同身心愉悦，加之生活富足，还遇见了心爱之人，按理说很容易使人沉迷在犬马声色之中，但他始终没有忘记留学的初心。

六年后，李叔同选择了回国。回国后，将其所见所闻所学，尽数奉献给当时民智未开的国人。李叔同创新发展了《太平洋报》，无私刊载各种西方艺术知识；他还推动话剧文化在上海发扬光大；再后来，他任教多校……虽然饱经沧桑，但李叔同从未迷失自己，懂得自己真正所求，并激浊扬清，来守护内心的清净。

即使一颗坚定的静心，在乱世中，必然做不到离群索居，也难以避世绝俗。有奋力追求平生之志的勇气，也有淡然放下外物的果断，李叔同修的就是这种内心。

韩亮侯在一场西洋音乐会上认识了李叔同，如他所说是“有些戏剧性”的。当时两人都在东京留学。韩亮侯一入音乐会场，就看到一个不修边幅的听众，在满堂峨冠博带中显得格格不入。他不免疑惑，怎会有人如此捉襟见肘，还愿意花费大价钱来听音乐会的呢？

音乐会结束后，他主动上前与此人打招呼，此人就是李叔同。李叔同见他没有以貌取人，便主动邀请他去家里坐坐。韩亮侯没有拒绝，看到李叔同所住之处是一座小洋楼，已然诧异不已了。进门后，如置身于书海，入目还有许多艺术品和一架西洋钢琴，韩亮侯一时间动心骇目，哑口无言。此时，换上西装的李叔同，邀请他一同就餐，二人开怀畅饮。

我们的世界一分为二：心外的俗世，心内的殿堂。很多时候，我们的身心可能难以统一，才有了身不由己的无奈，但我们依然有内心由己的自由。“若能自我净化，则何处不为清净之道场？”如果我们能降低对外物的依赖，安安静静过好自己的生活，也能感悟出一定的人生乐趣。

浊世之中，不少人试图改变自己的世界，却力不从心，只能被迫看透红尘。民国时候，仁人志士一朝出家的，大有人在。出家前，李叔同可以说是安荣富贵、声名显赫，但就是这样一个人，剃度后，绝情地了断了一切尘缘，坚守了后半世的苦行清修。他的亲人、朋友、学生，得知他出家的消息后，奔走劝其还俗，他都拒之门外，始终身心如一。

国画大师金智勇去探望弘一法师的时候问：“为何出家？”法师答：“心中所想，能做到最好，便出家了。”不受功名之累，不念红尘纷扰，弘一法师就是这样从外物中解脱出来，成为一个“心不为形役”的高僧。

自己的人生，本该听从灵魂深处的召唤，而不因他人的看法、外界的吸引随意改变，这是对自己生命负责。有一颗坚定不移的心，命运才能掌控在自己的手中。只有自己做主，才能让喧嚣和纷乱在自己这儿销声匿迹。

守住本心，“不以物喜，不以己悲”，一个人就会慢慢成熟，达到超越自我的境界。只有活得潇洒自在，不因无谓的外物而患得患失，我们才能活出自己的风采。心若向阳，即使身陷黑暗，也能自己发光发热；若是任由心智被黑暗吞噬，我们将不复存在。

命运的车轮滚滚向前，世态炎凉，我们终要独自前行，唯一能支撑自己走下去的，就是怀揣一颗平和、淡泊的心，接受人生风雨的洗礼。

富贵终如草上霜

人总是想要得到更多、更好的，生来便有对富贵名利的追求欲望，荣华虽好，却能够迷惑人的心智，使人放纵、麻木。我们都明白“富贵人间梦，功名水上鸥”的道理，但当我们正面与富贵名利相对之时，真正能够做到安守本心、不骄不躁的却是少数。富贵就像是草地上的白霜，短暂但具有魅惑力；当水汽蒸尽，白霜消失，最终留下的也只有被掏空了身心一般的枯黄。

弘一法师曾在温州庆福寺小住一段时日，当时的他已然因自己的才情而名满天下，不少人慕名前来，希望能与弘一法师有一番交流，其中不乏位高权重之流，但弘一法师以闭关静修为由，全都拒绝了。来访之人中有一位便是温州道尹张宗祥。

张宗祥仰慕弘一法师才情已久，被拒后不甘放弃，便恳请弘一法师的师父寂山法师代为求情。弘一法师面对师父垂泣道：“师父慈悲！弟子出家，万不是为衣食名利啊。了断了红尘，我与两位妻子都不再相见，如何能与道尹再成为朋友？求师父委婉地告诉他，我于病中，不能见客！”

最终，张宗祥也没能见到弘一法师一面。

李叔同少年时便写下“人生犹似西山月，富贵终如草上霜”这样的诗句，他这一生也确实是一直都将名利视为浮云。李叔同出家前不慕权贵，十分厌恶名利场上所惯用的那些手段，出家后更是青灯古卷常伴，从不与权贵纠葛。

《史记》中有言："天下熙熙，皆为利来；天下攘攘，皆为利往。"修行途中，修的便是心中清净。面对名利的诱惑，要能安守本分，经得起考验。我们要将荣华富贵看作是平凡之路上的点缀，锦上添花固然欢喜，可除却"添花"，我们的人生依然绚烂多彩。

有一位住持，打算给弟子最后的考验，以决定自己衣钵的传人。他将两位弟子叫来，对他们说："谁能够从后山的悬崖下攀到山顶，谁便能继承我的衣钵。"

两位弟子来到崖下，仰头而望，岩壁陡峭，高耸入云，令人生畏。

第一位弟子身体健壮，很快他便信心十足地开始攀爬，但是失败了。他不甘心放弃，便重整旗鼓，进行第二次挑战，可惜仍然不能成功。他一遍遍地尝试，眼中只有峰顶，即便摔倒多次，也一定会爬起来再度攀登。直到最后一次，他在半途中力竭倒下，滚落时不慎撞到了头，晕死过去。最终，他不得不遗憾放弃，被寺里的其他和尚救了回去。

第二位弟子在尝试攀登之后发现，此处悬崖乃人力不可征服，但他没有放弃，如同第一位弟子那般不断尝试，屡战屡败，屡败屡战。他抓着绳子站在半山腰上，不经意间转头望了一眼，这一眼便让他愣在了原地。思索过后，他果断放开绳索，下了山。他来到山下，几经辗转，找到一条被遮掩的小路，他顺着小路，沿着溪流，很快便到达了山顶。

众人以为这位弟子取巧的行为是懦弱，但住持却当即便将这位弟子定为自己的继承人。众人不解，这位弟子便解释说："后山悬崖单靠人力是难以攀登的，但在途中只要低头看，就可以看见另一条路。师父常说，聪明的人会随着境遇的改变而改变，便是在教导我们要懂得能屈能伸，能改会变。"

住持满意地笑着说："如果眼前只有名利，那心中便也窄到只能看见一条死路。人身上本没有枷锁，但人却在心里给自己上了枷锁。被名利束缚之时，任何痛苦的挣扎都是徒劳，及至恼心伤神、殒身碎骨。只有挣脱名利枷锁，心中澄明，没有妨碍的人，才能抵达高峰。”

不要被虚假的利益蒙蔽了双眼，脚踏实地，力所能及，才是最根本的。但人世间的虚名总是有着莫大的引力。优渥的生活和卓越的地位，锦衣玉食，纸醉金迷，为无数人所朝思暮想，可又有多少人能够看透这虚幻的美好背后需要我们付出怎样的代价？更何况，这样仅存于表面的浮华，谁又能保证持久？雾散了，便什么也剩不下。

白岩松的书里有这样一句话：“人的一生只有5%是精彩的，只有5%是痛苦的，另外的90%是平淡的。人们往往被5%的精彩诱惑着，忍受着5%的痛，在90%的平淡中度过。”追名逐利是人的本性，也是人的本能，但过度追求，便是让我们失衡的本因。太过在意本应是少数的精彩会使我们难以接受生命中的苦楚，更会将大多数的平凡当成灾难，此时的人生追求，便成了我们自我囚禁的牢笼。

世人烦扰，不外乎名利二者。然而万物本静，红尘缭乱是因为人们在争夺掠取。不缚于名利枷锁，不在心中自囚，才能专注于前，洒脱于世。

人情应酬可省则省

醉翁亭内，欧阳修与友人觥筹交错；会稽兰亭，东晋四十一名士，行曲水流觞之乐……人情应酬，是人们生活中的常态，但真的需要如此多应酬吗？在李叔同看来，“人情应酬可省则省,不必迁就、勉强、敷衍。”适当地减少应酬，欲望也能随之平复、消逝，空出来的时间，值得我们去做更有意义的事情。

在浙江一师教书时，李叔同上课前，直奔教室，下课了，又直接回到自己的房间。一路上，他不东张西望，步伐很快。学生们很少能在校园里和他碰面；教员休息室里，也很少有他的身影。他不图学生的喜爱，也不图同行的敬仰，也就没有参与各种交际活动的需求。于是，他把大部分精力放在教书育人上，规划自己的课程，因材施教。

人情应酬的背后，是一种换了交易形式的欲望。世间人或多或少会被“礼尚往来”的观念所裹挟，因此为达目的，应酬再多也得虚与委蛇。如果没了欲望，就不会有求于人，自然不需要投其所好，忙于各种应酬。

李叔同出家后，依然不爱与人来往。梦参法师说过，弘一法师在厦门、泉州等地修行的时候，各地都给他另辟了一间小房，都是自己单住。独居这种生活方式，不用同别人打交道，直接杜绝了不少应酬，让人觉得分外自在。

独居久了，六根清净，人偶尔也会享受一下在热闹场合里与人交际。1938年冬天，弘一法师在泉州承天寺讲道。报纸上刊载了一些关于弘一法师游历布道的事迹，写他讲了多少场佛法课，期间会客、赴斋、写字赠人，大赞弘一法师广撒善缘。

此时，15岁的李芳远给弘一法师写了一封信，说弘一法师是一个“应酬和尚”，批评他堕落凡尘，不知清修，末了还劝其断绝欲念，养静用功。弘一法师看完信后，甚是惶恐，即刻回信，当“闭门静修，摒弃一切”。不日，他就前往城郊，在一个山洞中独居了一月有余。

后来回到承天寺，弘一法师公开忏悔了自己纵情于应酬，起了名利双收的贪念，幸而得到一童子的告诫，迷途知返。第二年，弘一法师为表达自己清心寡欲，特意书写了一幅“见性，明心”的禅联，寄给李芳远。

有人将人世比作大染缸，我们置身于应酬中，不可避免地会沾染浊气，变得利欲熏心。《吉祥经》中写道，与有德、智慧的人交往，会让自己变得有智慧；而与愚昧贪婪的人交往，自己也会变得世俗。而且，当我们与各色人等周旋时，势必要掩饰情绪、揣度他人、花费金钱，结果却往往徒劳无功，这些消耗就会让人愈感空虚。因此，没必要让低质量的社交毁掉自己的生活。

高质量的社交，不是简单地让更多人成为一种“可用资源”，而是通过应酬增长见识，学习为人处世之道，让自己的思想和灵魂更为丰盈。我们应判断每次应酬是好是坏，或可及时抽身，换一个高质量的社交圈，并远离一切不必要的人情应酬。

想要有所成就，最好的方式是实现自我升值，而非寄希望于人情来往。拒绝无效应酬，耐得住寂寞，做好自己，就是增值。哪怕过着早看朝霞暮看云、观四时之景的生活，也是身心一致，畅快自得。多与自己对话，不用对别人虚情假意，就不会孤独地虚度此生。

著名作家钱锺书先生最不喜抛头露面，到处应酬，但他声名在外，总会有人慕名而来。

一名记者非常喜欢他的文章，便打电话想要当面采访他。钱先生十分幽默地拒绝了：“假如你吃了个味道不错的鸡蛋，会想着去见识一下下蛋的母鸡吗？”钱锺书一向拒绝任何形式的采访，电话采访也不行。如果有记者不期而至，他就立在门前，与其小谈片刻就送客了。不应酬的日子里，钱锺书先生专注于写作，为后世留下了《谈艺录》《管锥编》等著作。

世界是自己的，省去了交际应酬，远离勾心斗角，我们才能有喘息的机会。在人来人往中，保持一份清醒，听取内心的声音，知道自己真正的所想所求，这才难能可贵。要达到人生的高境界，只能依靠自己，不要习惯于依赖别人，因为利益而走到一起的朋友，终究会因“无利而散”。

高朋满座、众人的狂欢，比不上独处的时光。珍惜独处的日子，那是我们光彩焕发的前夕。了却世俗纠葛，享一世清欢，方得悟此生真谛。

命里无时莫强求

悠悠岁月一晃而过，与心爱之人、鸿鹄之志、天伦之乐擦肩而过后，才渐渐明白，世间多的是我们左右不了的事情。李叔同曾说过，越是强求，越是容易物极必反。既然如此，就莫要强求，万物随缘，自有始终。

自古才子配佳人，李叔同少时吟诗作对，舞文弄墨，杨翠喜乃津门一代名伶，两人如金风玉露一相逢，自此难以割舍。及笄之年，出落得亭亭玉立的杨翠喜，一展歌喉，《梵王宫》《红梅阁》唱得全天津的青年才俊为之倾倒。每晚协盛园搭好戏台，李叔同就去欣赏戏曲，他在台下翘首以盼，她在台上顾盼生姿，两人间情意涌动，互相倾心。

一日唱罢，杨翠喜回到后台，正在卸妆时，侍者告诉她有人约见，她挥了挥手，说不见。却听门外传来："杨小姐，是李叔同李某，特来求见！"两人一拍即合，成为知己。李叔同日日去为杨翠喜捧场，结束后，手提灯笼送她回家。

他们互相陪伴着度过了一段美好的时日，李叔同为她写戏曲，教她戏曲的知识和技法，甚至亲自扮相，给了她年少时候全部的爱。但好景不长，庆亲王之子载振听闻杨翠喜风姿绰约、歌声婉转，欲纳其为妾。杨翠喜心有良人断然拒绝了，却在威逼利诱下被父亲送进了王府。李叔同听到这个消息后，震惊、遗憾、无奈之余，也明白了自己和杨翠喜是有缘无分，就此撂开了手，开始了自己的新生活。

所谓“命里无时莫强求”，就是让那些爱而不得的人、意难平的事、生而有憾的日子都在日夜流转中随风而逝。月圆月缺、潮涨潮落、聚散离合，每件事情都有一定的发展规律，不是我们一己之力就能阻挡的。况且，总会有很多从天而降的意外和不按常规出牌的结局，若一定要强求，也是有心无力、徒劳无功的。

强求太多，我们会身心疲惫。若是我们固执己见，用力去爱一个不属于自己的人，强要得到别人的东西，就如同揠苗助长一般，费力不讨好，酿成各种悲剧。尤其是执着于错误的事，更是在糟蹋自己的人生。

无论我们怎样都无法改变的事情，在此时此刻就不要执念了，说不定到了新的环境和时间，自会有转机。

清朝有个李员外，年轻时候入过道门，还俗后成了一方富豪。人家都说他家的金银可用八个大缸来装，因此别号“李八缸”。

李员外在撒手人寰前叫来了俩儿子，把家产一分为五，大儿子可拿四份，小儿子只能拿一份。小儿子李阳生大失所望，李员外安慰他说：“并非我偏心，这人生的福寿皆是有定数的。我算过了，你家中的贤妻就是大福，给你更多金银，就是在折福了。等时候到了，我留的钱自然就到你手上了。”

李阳生听罢，只觉得父亲是在宽慰自己而已。没多久，李员外就过世了。李阳生不会经营生意，平日里的文友们常常来混吃混喝。两年间，他就坐吃山空了。结果，朋友们闭门不见，哥哥也不愿意接济他，只有贤惠的妻子不离不弃。又过了几年，妻儿也染病去世了，李阳生走到了人生的最低谷。忽而一夜梦中，死去的父亲对他说：“如今，你身边的人都去了，以前答应给你的金银，你能守得住了。”

第二日，李阳生取土修墙时，挖出了三缸金银，这才顿悟。他用这些钱买房置地，救济世人，为善一方，人人称道。

时过境迁，也许我们曾经格外在意的事情，在不经意间就淡然了。顺其自然，才会不急躁冒进，不过度强求。人这一生，不会一直顺风顺水，也不会一直逆流而上，到了新的河段，就会有新的水象，我们只要随遇而安，平安渡过，这就是最好的。

遇事不强求，是对灵魂的减负，是一种洒脱的人生态度。洒脱，不是一种得过且过的逃避心理，也不是不思进取的颓靡，而是一种洞察世事的豁达，一种有所取舍的睿智。改变自己，总会比改变世界简单些，改变自己行有余力的，可主动适应那些自成一格的人与事，让自己受到的伤害降到最低。

在佛教里，随缘便是对洒脱最好的诠释，也就是顺遂缘起缘落，不盲目攀缘，不过多索求。与其强迫事情按照自己的意愿去发展，不如多多修行，学着做到在顺应事情发展规律的同时，实现自己的想法。简言之，就是尽人事，听天命。

佛语有言，有缘不推，无缘不求。苦乐随心，得失随命，我们左右不了的，命运会替我们做最好的安排。该来的，我们赶不走；要走的，我们留不住，缘分让我们体会到美好和遗憾，这就是它的绝妙之处。因此，适时地换一种态度，该低头的时候，别趾高气扬；该退一步的，别步步紧逼。好好享受一番随缘的生活，你定能不乱于心，不困于行。

摆脱人生中的虚浮之事

李叔同说过，一个喜欢沉迷于虚浮之事的人，会时时感到困扰，福气也不愿照拂他。可见，做虚浮的事情，就是在蹉跎自己的人生。要想让人生显得厚重，就必须摆脱所有的多余之事。

苏轼在《上梅龙图书》中，用“虚浮”一词形容天下人浮而不实，做事不踏实。如果想要有所建树，就一定要能沉住气，虚心去做事。未来的路很远，如果在半路上就有一颗傲慢的心，势必会失去本心，行事多有差池。有一些得道高僧，广施佛法、声名远播以后，却沉沦在名利场中，被各种虚浮之事裹挟着，就再也讲不出道法的高深奥妙之处了。

好在出家后的弘一法师，摆脱了诸多虚浮之事，静心修习佛法，成为一代宗师。

1937年，弘一法师赴青岛讲律弘法前，约法三章：其一，不随意当别人的老师；其二，不用专门举办欢迎会；其三，自己的事迹不能见报，也不得张扬吹嘘。弘一法师出家后，尤其注重远离各种名利是非，越是权贵，越是不得约见；如果是真心求学的学子来，便都见了，还十分尊重他，态度也温和。

当时，陆军上将朱庆澜正巧路过青岛，专程来拜访弘一法师，于是让倓虚法师转告给他。这位声名显赫的大将军，后来皈依印光大师门下，成为一名佛家居士。弘一法师知道后，知晓朱庆澜为人和善，又与佛有缘，便欣然等候。

第二天，青岛的市长沈鸿烈随着朱庆澜一道来了。结果，弘一法师让人传话，说自己已经睡了，不便见客。没办法，两人悻悻而归。

隔了一天，市长打算宴请朱庆澜，朱庆澜便建议邀请弘一法师一起。倓虚法师将两位权贵的请柬送到弘一法师跟前，弘一法师笑了笑，未曾言语。正式入席前，市长又遣人去请弘一法师，弘一法师回赠了惟正禅师的《谢筵诗》：“为僧只合居山谷，国士筵中甚不宜。”再三邀请被拒，市长觉得如同被羞辱了一般，朱庆澜在一旁劝道，修行人理当如此清高。

弘一法师在青岛的时候，除了讲律传道，其他时间都静静在屋里修行，一切虚浮之事，都拒之门外。他对传贯法师说过，不敢与那些“官人”“大有名称的人”打交道，怕在名利场里迷失了自己，以免外界讥讽他贪图虚名。

在李叔同眼中，名利就是虚浮之事，但人生中虚浮之事有很多，如名利、爱恨、空想……很多人把这些虚假、空泛的东西，等同于生命的价值，但有质量的生命，应当摆脱这些虚浮之事带来的困扰。

就像讲道一样，居士可以讲，住持可以讲，宗师可以讲，但往往境界越高的人，讲得最好。何以相去甚远呢？宗师闭关修行的时间都很长，他们把自己藏在一个小小的空间里，专注于道的研习与参悟。他们全然不在意所谓的名声、地位，因而没有成为庸俗浅薄之辈。

唐代大僧玄奘，自少年起就享有盛誉。后来游历至印度，获得沿途国民的赞颂，回国后的他，可谓名满天下。但玄奘大师淡然地放下所有荣誉，一心想要传播佛法，开始了为期二十年的译经工作。平均下来，每年他要翻译五十万字以上，而且他翻译的经典大都是印度经文，自己所著的梵文三大论一字未译。这种“言无名利，行绝虚浮”的作风，得到了佛教律宗初祖道宣的称赞，也被欧阳竟无评价为“一语之要，坚如磐石。一义之出，灿若星辰。”

看破虚浮之事，才能做一个心性安定之人。无论是简朴宁静的生活，还是水深火热的日子，都能从容以对。然而，太多人沉溺于各种虚浮之事，甚至浪费自己的生命在这些事情上，被自己的愤怒、不甘、欣喜等情绪左右，茶饭不思、饮食难安，生生被这些事情拖垮了自己的人生。

全真道祖师王重阳曾说：“鉴回名利真清净。”意指做一个安于本心、不虚浮、务实的人，守住自己的本性。面对变故和挑战不断涌现的世界，我们需要保持内心的安宁，不让物质的诱惑扰乱步伐，从容地走在人生轨迹上。

认定了一条路，就要好好走下去。“不畏浮云遮望眼”，我们不要被外界的声音、观点所影响，要在纷纷扰扰中坚信不选择物欲的自己。以一身的傲骨，追随内心的想法，活出真实的自己。完全摆脱欲望是很难的，但摆脱人生中的虚浮之事，是很容易实现的。我们要学着控制好自己的欲望，有所取舍，让自己忙得有意义。

真正有意义的生活，就是摆脱沽名钓誉、敛财等华而不实的念想，褪却所有虚浮，让自己做个不世俗的平凡人，体悟人生的真实与安定。

人到无求品自高

“事能知足心常惬，人到无求品自高。”这句话本是清代学者陈白崖先生的自勉联，意在勉励自己知足才能常乐，到达无求的境界以提升品格，其中蕴含的道理被无数后人所认同。

古贤人颜回品格高洁，得孔子赞曰：“贤哉，回也！一箪食，一瓢饮，在陋巷，人不堪其忧，回也不改其乐。贤哉，回也！”何以不改其乐？何以修养品格？曰：“无求。”

世人所“求”皆为所欲，欲乃私欲，眼前之浮云。摒弃私欲，则为“无求”，方能达到超脱之境。只要世人能够真正摒弃私欲，全身心去追求品德的完善，而不为浮云遮眼，其人格自然会提升。

这里所谓摒弃私欲，对普通人而言，便是要舍弃浮躁与功利心，不为眼前的短暂利益绊住手脚，从而追求一种超脱于世的安宁与自在。这里的“无求”，说的并不是一种无所谓、躺平的消极的人生态度，而是要摆脱世俗红尘间名利的诱惑，凡事不强求。有所不求才能有所追求，这是一种胸怀，也是一种信仰，是“悠然见南山”的自得，亦是“知足者仙境”的淡泊。

弘一法师曾云游四海，却不置一屋一舍，摒弃了所有的世俗享受，甚至常常以衣代枕。弘一法师持斋严谨，用餐节俭，过午不食。被官员邀请赴宴，他便曰：“为僧只合住山谷，国士宴中甚不宜。”被邀赴灵瑞山讲经，他亦提出三约：“一不迎，二不送，三不请斋。”其品格高洁，可窥见一斑。苦修至此，世人常言李叔同无求，但李叔同自己却并不满足于此。

1932年夏，53岁的弘一法师为友人夏丏尊写下“事能知足心常泰，人到无求品自高”一联，以共勉之。当时的弘一法师认为自己还常常能够得到完成某件事的满足感，心里的波澜坎坷也能够被抚慰填补，便算不上“无求”。他说自己将来或许能倾尽所有，能够有所成绩，才算有资格能再来谈论这个境界，到那个时候，说不定品德还会上个台阶。

在弘一法师的观念里，“无求”的前提是“求得”。当修行到一定境界，有所功绩，能够不再为物喜，不再以己悲，才可以谈论“无求”。

人生大路上的苦难大多是由贪欲引起的。当不满足感充斥内心，人便会轻易被冗余的欲望蒙蔽双眼，从而看不到事情的本质，我们前行的方向就会随之偏航。贪欲，便是我们最大的阻碍。而人的伟大之处恰恰就在于能够掌控自己的内心，跳出欲望的旋涡，克己，不贪，从而去追求更高的境界。

明朝金溪有个叫胡九韶的人，他家境贫寒，以教书、耕作为生，所得仅可衣食温饱。然每日黄昏之时，他必于门口焚香，向天九拜，感谢上天赐他一日清福。妻子笑说：“家里每日三餐皆是菜粥，如何谈得上清福？”胡九韶回答：“余生于太平盛世，没有兵祸，家中妻子安在，衣食自足，不至于流离失所、忍饥挨饿，没有病人需要照顾，没有亲人身陷囹圄，又如何不是清福呢？”

胡九韶知足，便能感到满足；时常感到满足，便可使心安宁；心中平和，便不会纠结蝇头小利，从大是大非出发，心怀天下，能明辨道理，品格自然得以提高。

君子宜“静以修身，俭以养德”。品格的提升离不开撇去私欲后的超然。

归根结底，所谓品自高的“无求”其实也是一种追求，追求的便是内心得到满足后心境如水、坦荡平静的淡泊心态。这种心态对普通人来说是很难达到的，这需要时间的磨砺与苦难的锤炼，在一点一滴的平凡之中孕育高尚与伟大。

蜀相诸葛孔明警醒世人“淡泊明志，宁静致远”。淡泊的心态会使人感到安宁，遇到事情也可以保有平常心。追求淡泊的生活态度，让心情如水面平静，心境如天空高远，灵魂得以安放，生命从容绽放，生活就会变得充实、轻松。只有看淡世间跌宕，静观云卷云舒，才能在“人到无求品自高”的境界中真正得到心灵的启发与升华；只有把理想放高一些，将追求放远一些，把名利和欲望看淡一些，才能在如今纷繁的社会里，真正做到有所为而有所不为，从而使自己的心境得到纯洁净化，灵魂得以安然。

事能知足心常泰，人到无求品自高。这是一种知足常乐的智慧，是一种淡泊宁静的心态，是对德行的追求，也是对自我心灵的拷问。做到“无求”，便要有一种包罗万象、海纳百川的胸襟，要有一种静待花开、笑看沧桑的心态，要有一种风雨不动、安然如山的定力。欲要修养品格，就该以俭静养德，抛去浮尘，效仿刘禹锡“斯是陋室，惟吾德馨”的超脱。

第四章

无论顺境逆境，姿态都要好看

人生有顺境也有逆境，并不是到处是逆境；

人生有顶峰也有低谷，并不是到处是低谷。

因为顺境或顶峰而目空一切，

因为逆境或低谷而灰心丧气，都是肤浅的人生。

面对困境，假如仅是一味地埋怨发火，

那么你终究永远是个弱者。

一念嗔心起，百万障门开

《大智度论》中说，在佛教三毒——贪、嗔、痴之中，罪孽最为深重的就是“嗔”。嗔心，是在各种冲突中形成的一种怨怼、仇恨心理。由于外界与自己的意愿相悖，内心充斥着憎恶、苦恼、不满等杂念，头脑一热，就不计后果地挑起斗争，害人害己。因而，在嗔心初现时，就将它扼杀在一念之间，不让万千罪恶有机可乘。

1933年正月，弘一法师在厦门做了以“改过实验谈”为题的开示。他说道，新旧交替，万物更新，应以“改过自新”为先。弘一法师从佛书与儒书中总结出十条箴言，第十条为“不嗔”，他认为，嗔恚是最难改掉的一个习惯，但还是需要尽力改正。

25岁时，李叔同填词《金缕曲》：“奔走天涯无一事，问何如声色将情寄？休怒骂，且游戏。”那时，南洋公学集体退学的风波过后，李叔同的救国之志、求学之心无处安放。在动荡的乱世，他流连于秦楼楚馆间，以诗麻醉自己，让一颗嗔心得到暂时的慰藉。

古语说，温柔乡，英雄冢，但在李叔同眼中，风尘女子的温柔才情，恰似一杯能抚平自己嗔念的忘忧酒。虽寄情声色，但他仍在歌台舞榭之间，保持着一份清醒，从容不迫地东渡留学、从艺、救国。

若是能消除心中的嗔念，即使身处不理想的境遇，也能平和以对，做出正确的选择。尤其是在无路可走的时候，平复愁怨愤恨的心情，好整以暇地迎接外界的恶意，这样我们才不会前功尽弃。

曾有高僧开示，从源起来说，世间有三大嗔。当我们在过往中积攒了某种消极恼恨的情绪，没有排解出去；一旦再次想到相关的事情，就会变得愈加恼恨，这就是感性的“嗔”，自己胡思乱想引发的嗔念。受到外界的影响形成的嗔念，是相对合乎情理的。众生皆有过此般烦恼，如“早知如此绊人心，何如当初莫相识”“贫贱夫妻百事哀”……心由境生，自己无力改变外界的干扰，就是“顺理嗔”的源头。还有一种情况就是两相对立的“诤论嗔”，各不相让，导致矛盾激化，彼此生出嫌隙，产生嗔恚。

任何嗔念，做到不争，自然能心安理得。不因苟利而害之，也不因忌妒而暗算别人，满足于当下，保持心理平衡。哪怕面对不怀好意的恶行、纸醉金迷的诱惑，也能调谐身心，做到洁身自好。

从前，一个秀才上京赶考。在京城外头，有一家旅店。头一晚，店家做了个梦，土地神告诉他这个秀才可以高中，要好生款待。第二日午后，这秀才来住店，店家给他准备了一间上好的厢房，还特意备下了沐浴熏香，为他接风洗尘。待秀才走时，店家又雇了车马，送了盘缠。

秀才十分不解，忍不住问了店家，店家据实相告。听到自己能够高中，这秀才就得意忘形，临考的晚上，暗自琢磨，自己的农家妻子过于粗拙，若是自己明日考中了，回去便另娶一个大家闺秀。

科举考试结束的那晚，店家又梦到了土地神，土地神却说这个秀才贪、嗔、痴全占了，败坏了自己的德行，定然高中不了。秀才返乡时又来这家旅店住宿，店家十分冷漠，还说厢房已满。秀才看到店家态度一改前态，不得其解。店家便把梦境原原本本地讲给他听。秀才自惭形秽，一声不吭就走了。果不其然，金榜一放，不见其名，他又接连考了几回，都没能考取功名。

一念起，万恶生，若要平心静气，先要心性坚忍。人生中随处会有小不如意，丁点儿拂逆不必不睦。怒急攻心时，心性弱者，必受其乱，容易误入歧途。佛心空无一物，亦能包容万物；倘若能以佛心自居，养出大事化了的肚量，即便生出邪念，也能消散在茫茫心海，而不至于感情用事。

当你心生嗔恚时，请先冷静下来，细细权衡其中的利害关系。压抑不住心中的熊熊怒火，心绪不宁，做起事情来就会毫无章法，有损自己的福报；再者，怨怼之下，再理智的人也会口不择言，自己身上的阴郁之气若波及周边的人，善缘就在不断减少。而那些笑口常开的人，与人和善，无往不利，受人爱戴。种好因，得善果，在嗔恚还未成形时，就需从怒极一时中解脱自己。

印光大师说过，把自己当作众生之母、过往之师，便能平息心中的不忿。也就是说，在心理失衡的时候，拔高自己的地位，让生命承载更丰厚的意义，不能让眼前的利益得失阻挡我们前进的步伐。

想要做一个心平气和的人，就要涵养处之泰然的品性。日行一次忏悔，是治嗔心的长久方法。古人自省，向来明智，我们要正视自己的内心，纠察每一个不当的恶念，忏悔之心在潜意识中生根发芽，日有进益，往后才能消除一切业障。

一念善心，通往天堂；一念嗔心，下至炼狱。心，主宰着人的命运，而主宰内心的，是我们自身，是善是恶，皆是自己的选择，但向善才是正途。

乐而不淫，哀而不伤

在《论语·八佾》中，孔子赞《关雎》“乐而不淫，哀而不伤”，是很好的艺术作品。在创作时，留白、渲染都是恰到好处的表达手法，这种收敛的含蓄美，更让人回味悠长。

创作如此，处世也是如此，能做到悲喜有度、言行合乎分寸，才是福慧双修。哀乐本是人之常情，喜怒于色也无可厚非，但凡事都应有个度。情感表达适度，于人于己，都十分舒服；若是不加节制地大悲大喜，对身心来说，也是一种负担。

每个艺术作品都蕴含着创作者的心路历程和情感变化。在李叔同的诗词集中，最脍炙人口的，便是他作词的歌曲《送别》。该曲娓娓道出离别情愁，于哀伤中蕴含着与挚友重逢的憧憬，词曲一体，让人哀其离别之苦，却不显人世沉痛。

《送别》是李叔同在作别“天涯五友”之一的许幻园后，即兴填词成曲的。“天涯五友”曾齐聚一堂，朝夕相对，但天下无不散的筵席。随着张小楼受聘去了扬州，五人便各自海角天涯了，李叔同当时考进了南洋公学，袁希濂走上了仕途，蔡小香继续从医，而许幻园则投身商场，五人的命运由此截然不同。

1912年，“天涯五友”之一的蔡小香病逝。这对李叔同的打击极大，他接连几日，滴水难进，给亡故的知己写了不少悼亡诗。他回忆起曾经的日子，说那是他一生中最幸福安宁的时光。

五人在城南草堂时，吟诗唱和之余，也会讨论时政，写了不少开化民智、救国救民的诗词，他们主张民权，倡导新文明。但在激流勇进的改革浪潮中，社会形势变幻莫测，许幻园的全部家产化为乌有。

1913年的冬日，雪花纷扬。“叔同兄，我破产了，后会有期！”许幻园对着门内喊着。

李叔同和日本妻子应声而出，许幻园没有进门，挥泪作别。看着许幻园的身影在茫茫雪地中渐行渐远，李叔同心中百感交集，静静地立在雪地中。

良久，李叔同才转身回屋，让诚子在一旁弹琴。回首往事，顾盼今时，他挥笔写下：“长亭外，古道边，芳草碧连天。……天之涯，地之角，知交半零落。……问君此去几时来，来时莫徘徊。”

该曲词风清丽，字里行间情感真挚、自然，意境深邃，又不觉情深不寿，似是诉尽了人生无常，令人觉得婉转忧伤。作罢此曲，李叔同仿若看破红尘，大开佛缘，愈发平静自持。

死亡是不可逆转的悲痛，但活着的人还要继续过日子，过于悲痛，只会伤身；离别是缘尽于此的惆怅，分道扬镳后，还要走各自的路，过于低沉，就会迷失方向。李叔同将心中的愁情忧思，化作诗词，减轻内心的重量，于身于心都是有益的。

行贵禅医在《心乃大药》中提到“喜、怒、忧、思、悲、恐、惊”，这七情过度，容易伤身致病。任何情绪，都是过犹不及。

快乐、喜悦，让人身心愉悦。殊不知，欢欣过甚，长时间处于亢奋状态，容易让人意识错乱，心脏也难以承受。中医学上，有个“喜中”的病症，就是指因为在瞬间产生狂喜的情感，一发不可收拾引发中风。在《儒林外史》中，有个范进中举的故事。范进一心追逐功名，接连参加了二十多次科举考试。到了54岁的高龄，他堪堪进了学，世称半个秀才。为了飞黄腾达，他又参加了乡试。放榜那日，他听闻自己高中举人的消息，得意忘形，摔了一跟头，不省人事。醒来后，他喜笑颜开地奔向门外，跌进了池塘，挣扎着站起来，浑身泥水，拍着手走上了集市。众人瞧见了，都说："新贵人欢喜疯了。"可见，暴喜伤神，轻则气血上涌，胸闷气短；重则嬉笑不休，心神涣散 。

过悲，容易生出悲观厌世之感，自卑怯懦、惊恐难安、敏感多思……都会随之而来。一个满满都是负能量的人，会活得十分艰辛。诗人元稹听闻友人被贬，由人及己，"垂死病中惊坐起"，不胜悲凉；孟郊在赠别崔纯亮时，说沉溺于悲伤中，人就容易衰老，满心都是忧愁，身体也难以支撑下去。中医认为，"过悲则伤身"，哀痛过度，就会出现气喘、困乏、肺气大伤等问题。

无论是哪种情绪，一旦过度了，不免神思不宁、纷争四起。因而，要适时适度地调节好自己的心情，理智地驾驭情感，安心定神。大喜大悲，是生活中一种短暂性的情绪波动，大部分时间里，我们的生活都是风平浪静的。既然如此，就好好珍惜这种偶然性的体验，把它当作一次灵魂的历练，在与时间磨合中有所升华、沉淀。哀乐之间，不改真我，优雅从容地处理好自己的情绪，以达到崇高自在的精神境界。

值得悲伤的事，就给自己充足的时间去发泄、抚平；值得高兴的事，就提醒自己尽早从中抽身。悲与欣，本就是我们心灵深处的反应，我们不用压抑这种本能反应，如果一直不能做出反应，我们就如行尸走肉一般了。见喜则喜，见悲则悲，尊重最真实的自我，但也要注意分寸，不能让自己在一段时间里走向某种情绪的极端。

往事如烟，悲欢尽散。不再过分计较得失喜乐，随遇而安，也不沉溺荣辱。或喜或悲，都一笑而过，轻松简单地生活，活出从容的自我。

急躁则自顾不暇，何暇治事

修行上，最忌急躁。李叔同认为，所有人都可以念佛，目不识丁的人也能一边听别人念一边牢记于心；口舌不便的人也可以一字一句读，慢慢学会；懒惰的人被别人感染、监督着，也能学好佛理。但是总会有念不好佛经的人，他们大多性情急躁，难以周全一切。

李叔同的后半生，常年独居，潜心修行律宗禅理。伴随着晨钟暮鼓，他开始了每日井然有序的生活，日间安排了阅读、礼诵等常课，偶尔也会外出讲律。日暮时分，便持珠念佛，或散步或打坐，天黑便就寝。每日如此，活得充实而悠然，在二十余年的苦修中，他研习律藏，方成为一代律宗祖师。做人、做事，都与念佛一样，静下心来，稳稳当当才能修得圆满。

急躁之人，遇事容易激动浮躁，遇到了不顺心如意的境遇，就会失去耐心。他们急于求成，做起事来毫无计划，仅凭一腔热血就勇往直前。结果因没有深思熟虑，往往自顾不暇，铩羽而归。其实，只要大家都能沉下心来，未必不能得偿夙愿。

成功离不开步步为营的踏实，更离不开始终如一的沉稳。成败就在一念之间，最后若冒进了，就前功尽弃了。与其说是与时间和事态抗衡，不如说是与自己的意志力在较量。越是急躁，越容易错误百出，越难了却一件事情。

无论大事小事，都要戒急戒躁，才有精力做好事情。宋朝一位夫子，自年少时就开始修习禅学，苦修无果。到了中年，他方觉速学并非良策，便闭门静心，一本一本地研究禅道，才得参悟，为我们留下了一句箴言：修行，不要贪图便宜省事，也不要投机取巧，要着眼于当下，踏踏实实地钻研。

《佛说四十二章经》中有这么一个故事，释迦牟尼在世时，常在晚上进行身念住修行。

一个僧人在黑夜中轻声诵读经文，其声十分悲怆。释迦牟尼经其身边，感知到僧人意欲退道，便问他："你在家时，爱做什么？"

僧人答："佛世尊，我最爱弹琴。"

佛问："弹琴，若是琴弦太松，会如何？"

"不闻其声。"

"若是琴弦绷得很紧呢？"佛接着问。

"琴音刺耳，难以成曲。"

"那琴弦调试得恰如其分呢？"佛又问道。

"弹出来的曲子宛转悠扬，扣人心弦。"

释迦牟尼开解他说，学道也是如此，若是图快，时刻紧绷着，急而生躁，求而不得道，不日就会心生倦怠，身心俱疲。

如今，在快节奏的生活中，每个人都在拼命前行，我们也被迫加入了追求速成的队伍，可要想成就一番事业，就必得戒除急躁。一味急躁冒进，不但不能立竿见影，还容易因为基础不扎实，功亏一篑，还得从头再来。另外，心态过于亢奋激动，容易发生诸多难以控制的事情，一旦事态严重，就会影响我们做好整件事情。

人生中很多事情是急不来的。遇到事情，不必徒生烦恼；面对难题，也不必暴跳如雷；事不遂人愿，也不必频频叹气。否则，你就要花很多时间来排解自己的情绪，才能恢复平和的状态。做任何事情，都要明白细水长流的道理，不急不慢，调和身心，用心处理好事情。慢工出细活，我们戒骄戒躁，沉下心来思考，安安静静地、脚踏实地去做，做事才会出彩。

顺境不躁，逆境不急，我们随时要提醒自己，千万不能任由浮躁控制自己的心灵。让我们把自己的前进速度放慢，把每一分每一秒都尽其用，才能事半功倍。不疾不徐地生活，才能探索出适合自己的人生节奏。

宁静来自内心，不要到外面去寻找

最难的修炼，莫过于在乱世中发掘出内心的宁静。外界的安宁，是转瞬即逝的，我们只能感知，却留存不住。唯有内心的宁静，才会亘古不灭。

道家有太清存神炼气法，其中将入静分为“五时七候”，可见修行达到“静”的境界，实在不易。李叔同的前半生尤为跌宕起伏，他辗转各地，境遇因时而异，出家后骤然归于平静。这种心境的变化，在他的书法上表现得最为明显。

在俗时，李叔同受到音乐、美术、戏剧等文化的熏陶，也经历了诸多起起落落，心思也十分复杂。这时候，他的书法博采众长，有章可循。无论是哪个书法家，他临摹了，必得其神韵，从魏碑到唐宋法帖，他都有所钻研。学界认为，李叔同的楷书与魏碑风格一致，笔法厚重硬气，结体张弛有度；其篆书柔中带刚，结体匀称，有邓石如之风；其行书取自苏黄，方圆相济，轻重有致。正是因为师从各书法大家，李叔同的书法作品大都讲究规整，符合传统审美，透露出世俗之气。

出家之后，弘一法师的书法作品中，世俗之气越来越少。他不必在意世人的评判，也没有了法度的牵绊，笔法趋于自然流畅。1938年，弘一法师写信给马东涵，探讨书法艺术，信中写道："朽人之字所示者，平淡、恬静、冲逸之致也。"

常年苦修，弘一法师的尘俗锋芒消磨殆尽，铅华褪尽，展露出本真，尽显恬淡、宁静。在后期的书法作品中，弘一法师不再刻意雕琢，只凭感觉下笔，我们几乎找不到传统技法的影子。每幅字帖，都如行云流水一般，浑然天成，自然灵动，看完之后令人生出安静祥和之感。

他出世后，用楷书抄写《心经》时，全然抛弃了以往的沉稳厚重，不再强调笔法和结体，见字如面，更似他娓娓道来一般，让人备感轻柔静谧。这种平静淡然是从心底油然而生的。心境平和了，书法才能达到"无声之音，无形之相"的境界。书法如佛法，亦如心法，若内心纯净，气质自然清灵脱俗。

调心入静，依次为安静、平静、宁静、定静、虚静、空静、真静、明静、灵静。宁静，是内在感知上一种安宁和谐、清静寡欲的感觉。寂静无声的环境，也会让人产生一种错觉，但这种寂静并非宁静。如果你置身于喧闹中，在种种噪声和干扰中，能够旁若无物地与灵魂对话，这就是源自内心的旷远宁静。

因此，不必再寄希望于向外追寻宁静了。即便踏破铁鞋，上下求索，也探寻不到你想要的宁静，只会徒增烦恼。而且，外物总是不可控的，可控的只有自身，把自己托付给不确定的外物，怎会安心呢？不但不能安心，常常还会因为层出不穷的问题，心生怨怼。如果我们不介意外人的看法，不在意外物的好坏，不被环境左右，就自然能有一颗宁静的心了。

炎炎夏日，老和尚给小弟子讲法。

老和尚讲："心下有火，就是在灼烧自己的心。这火，有欲火、怒火、无名火等，我们要用宁静的心来抑制，心静了，心上的火自然就烧不起来了，这便是心静自然凉。"

小弟子问："师父，什么自然凉？"

“心静。”

小弟子又问：“师父，心静自然凉，那心静前面是什么呢？”

老和尚回答说：“心静前面，空无一物啊。心静是一切的开始，心静了，才有自己，才有生活。所以说，真正的心静不是来自外界，而是发于本心。”

一个人的内心无法宁静，无论他是隐居东篱，还是身居闹市，他的生活都将杂乱无章，不得宁静，做任何事情，都将浮于表面。其实，内心的状态决定了我们生活的质量。内心宁静了，就不再依赖世间的权势、荣誉、繁华，把安全感建立在“定心”上，专心归于宁静，这就是生命的魅力。

保持心内的宁静不变，任由过往、未来变迁，我们就能安之若素，以不变应万变。世事多变，诱惑也多，我们何以守住内心的宁静，让灵魂得到安宁呢？

禅宗里说，静心，可用占领法、舍弃法、当下法。修得内心的宁静，不是一朝一夕就能做到的。在漫长的岁月里，要以心神简朴为尊，让追求纯净、寡欲成为常态。不断反省自身，舍弃陋习，在当下专注忘我，参透心法，静心养气，慢慢进入到天人合一、神形一致的境界。

当自己品味到宁静与恬适之美时，凡尘俗世也不过尔尔。若为宁静故，贪嗔痴皆可抛。不执着于外物，不患得患失，让自己归于内心深处。宁静，应是一路走来沉淀的智慧，也是自己人生中最美的状态。

福祸自便，坦然接受人生中的一切

老子喜欢用辩证的眼光看待世界，在他眼中，旦夕祸福，都是命运的安排。有福，就会有祸，两者都是自然而然地发生，非人力可挡。人生大都是坎坷多舛的，活着就是一场历练。福祸相依，甘苦相间，我们的人生才丰富多彩。

何为福，又何为祸？很多人身在福中不知福。当你觉得神清气爽、生活顺遂的时候，无灾无祸便是福。祸，无外乎天灾、人祸。福祸两者相互对立，也同时存在于我们的生活中。

世人都羡慕李叔同一生福气无边，可他到底也是血肉之躯，在他的一生中，最大的祸患便是弱不禁风、久病难愈的身子骨了。纵然锦绣加身，情缘不断，功名可考，命运给李叔同打开了很多窗户，却关上了一扇身体健康的门。

幼年时，李叔同就多病缠身。后来，他留学日本时，又患上了痨病。痨病是一种慢性疾病，患病者精神颓靡，不能劳累。那时候，医术普遍落后，死于该病的大有人在。在异国他乡被检查出患有痨病，李叔同的这个冬天过得尤为悲凉，内心好似罩上了一层厚厚的雪被，曾经热血澎湃的心，忽然间就冷彻心扉了。他一个人躺在榻榻米上，遥望明月，思念故亲。

于是，他踏上了回国的路程，回到家中，在二哥的精心照料下调养着。病中闲来无事，李叔同触景生情，写下了五言诗《人病》：“人病墨池干，南风六月寒。肺枯红叶落，身瘦白衣宽。入世儿侪笑，当门景色阑。昨宵梦王母，猛忆少年欢。”

这首诗情思细腻，传达出李叔同豁达开朗的人生观。被病痛折磨的自己，心情低沉。抱病在身，无所作为，让李叔同十分孤寂、无奈。他不由得联想到，自己病情加重，生命逐渐走向枯竭。这其实是李叔同在直面这场病难，尝试着开解自己，让自己能够坦然地接受，好生养护身体。

在短暂的忧郁后，李叔同就与自己和解了。家中的小儿们嬉笑取闹，错落有致的景色，正是最美的人间烟火气，他觉出了心中的满足与欢欣，一扫病中忧思。再思及先前亡母在世的日子，亦是幸福流转，少年壮志历历在目，唤醒了他病愈的欲望和继续完成使命的斗志。

病好以后，李叔同又回到了日本，继续未竟的学业。祸福就是一个个命运齿轮，少不了任何一个，人生才得以运转下去。

祸福不是路边的小花，任我们采撷；而是路上的顽石，踢不走，搬不动，它就静静卧在路中间，等着我们跨过去。我们无力改变的，就去坦然地接受，不惧祸难，不贪福气。命运是公平的，正所谓“祸兮福所倚，福兮祸所伏”，有风和日丽的日子，就有阴霾灰暗的日子。你在享受顺风顺水的时候，就要做好迎接困苦的心理准备。

我们活着，就是在不断历练自己的心态。没有被好运眷顾，或是没有尝过人间疾苦，这都是一种遗憾。不要在逃避、抵触灾祸以后，再期待新的人生，要立足此刻，坦然接受命运的馈赠。

这种接受，并非认命，认命是一种消极的人生态度。你要做的，是好好认识自己的处境，是福、是祸不重要，坦率地接受这一切，尽自己所能，让生活回归正常。

悠然南山中，晨起下田，傍晚而归，但“草盛豆苗稀”。陶渊明就这样安然地做着一个闲野农夫，好不自在。陶渊明不愿“为五斗米折腰”，一个从未务农的读书人，只能自力更生了。

陶渊明的乡野生活十分清苦，因为收成不好，一家人常常饿着肚子。他们没钱买蜡烛，只能用柴火照明。与朋友对饮，也没有下酒菜；阴雨缠绵的时候，陶渊明只能自斟自酌。辛苦劳作后，他仍能笑着说：“衣沾不足惜，但使愿无违。”

有一年，春夏相交，陶渊明家中失火，房屋尽毁，一家人只能蜗居在船房里，飘荡在河上。他时常与孩子戏水，与妻子荷间采莲，把不幸的日子过得惬意非常。等到房屋修葺一新后，陶渊明与妻儿栽柳种菊，几亩田地、几簇菊花，诗意了人生。曾经因为旦夕祸福而惶惶不安的灵魂，终于在这片“桃花源”中安定下来了。

佛教讲究因果报应，福因和祸因，都是源于自己。我们自己种下的因，就要自己承受其后果。但很多情况下，福祸都是变数，那我们就需要坦然接受了。

学会同自己和解，便是最好的处世之道。某一天，你感觉空气变得清新香甜，一粥一饭都格外可口，甚至脚步都轻盈了，其实并不是因为好运降临了，而是自己和生活和解了，抱怨、紧张等情绪都随之消失了，身心自然通畅了。

在生命中遇见的福与祸，都是最好的安排。它们来了，就顺其自然，尽力而为，等它们走时，才能不留遗憾。无论结果如何，都洒脱地面对，但求问心无愧。

忘记该忘记的，记住该记住的

我们的人生，每天都在上演着新的故事，总有一些人和事，会被遗忘在过去。那些忘不掉、放不下的，都将成为日后的记忆。忘记该忘记的烦忧，记住值得铭记于心的，人生理当如此美好。

李叔同超凡脱尘，身归佛门之际，处江湖之远，仍旧对国家安危念念不忘。最让人动容的，便是他那句“念佛不忘救国，救国必须念佛”。国家恩怨、民族耻辱，大度如李叔同，也不曾释怀过，这便是不该忘的。

1938年，弘一法师修行的寺庙中，来了一群不速之客。一队日本兵簇拥着他们的司令踏进庙里，司令慕名而来，为了拜访大师特意停泊于此。司令知道弘一法师曾经留学日本，便要求用日语交流，李叔同声色俱厉地拒绝了：“在华言华！”

见大师动了气，司令便用汉语说：“我们日本是您妻子的故土，又育有亲子，您怎舍得忘记我们国家呢？”随后，司令又做了承诺，若是弘一法师愿意随他们一同去日本定居，讲习佛理，他们愿以国师之礼相待。

弘一法师双手合十，坚决地说：“出家人本应该凡事都置之度外，宠辱皆可忘，但我并非如此。虽然我们国家如今穷困潦倒，但我热爱我的国家，绝不会在国家危难之际离去。纵使要我以身殉教，也在所不惜！”

大师的忠贞爱国之心和坚定不移的立场，令司令羞愧不已，他们灰头土脸地离开了。

无论是他东渡学习西学，还是回国后教授西方课程，他的爱国之情，矢志不渝。他明知时局惨淡，依然选择做一个有志气、有格局的人，这就是记住该记住的。

如果我们不能有所取舍，那么前进的步伐就会越来越沉重。把自己框死在过去里的人，难以探知自己的内心，因为他总是将现在同过去相比较，沉陷在过去里，无暇顾及当下。可时不待人，逝者已逝，未来也即将到来，下一刻发生什么，与过去何干？一旦自己纠结于过去，你甚至不是在原地踏步，反而是不进反退了。没有多少时日足够你来挥霍，同样，也没有人会在原地陪你。所以，该忘就忘，别活在过去。

不能忘却过往时，请你抬起头看看周边的人。人生确实有很多中转站，可以让旅客们小憩，但大多数人都在追赶着下一趟列车。现实就是如此，追悔莫及的事情就别再执念。无论何时何地，我们都要往前看，这样生命才有意义。

一个小山村里，有一户贫苦人家，家里少年寒窗苦读数十载。一天，村长仗势欺人，砍掉了他们门前的老树，少年的父亲上前阻拦，遭到了不少谩骂。少年咽不下这口气，当即言语反驳，教育村长应当厚德载物。这无疑是火上浇油，村长便命人教训了他，还让他当众致歉，诵读悔过书。

后来，这个少年发奋苦读，考中了乡试，一家人平步青云。村长得知后，诚惶诚恐，生怕他来报复，经常跑到他家去套近乎。但日子一如既往的平静。其实，少年早就将之前的矛盾抛之脑后了，在他看来，这种小事情实在不足挂怀，否则就是自降品格。

大是大非上，我们不能退让，要记得黑白分明；至于那些小恩小怨，实在不必放在心上，该扔掉就扔掉。也许当时我们需要再三隐忍，但去日甚远，自己的眼界有了提升，就不会再抓住不放了。做一个耳聪目明且大智若愚的人，远比做一个猖狂狭隘的得志小人让人敬佩。

不去想所有阴晦，不去想席卷而来的暴风骤雨，也不去想一路上的明枪暗箭，失意、困顿、苦闷、仇怨都可以一笔勾销。只要有豁达洒脱的胸襟，有淡然洞明的格局，这些不愉快都能自然而然地遗忘掉。

珍藏好遇到的欢喜与浪漫，铭记每一份成功与教训。生命中的赠予，都是我们成熟前的历练。既不拔高自己，也不贬低一切美好，让温馨的过往继续温暖我们的灵魂，让曾经的愉悦唤醒快乐的我们。

定期停下脚步，整理一下自己的行囊，把所有不好、负面的回忆都扔到路边，把美好的故事装在背囊里，只管轻装前行。待到迟暮之年，希望能如冰心所说："愿你的生命中有够多的云翳，来造成一个美丽的黄昏。"

找到柴米油盐中的那份安详

俗语说，“开门七件事，柴米油盐酱醋茶。”众生都离不开这样平凡的生活，却总有人嫌弃眼前的“苟且”，对诗与远方望眼欲穿。其实，我们想要的安详与诗意人生，并不在风花雪月之中，也不需要有多高的境界。

安详，就藏在柴米油盐之间，平凡岁月里的一日三餐、一屋四季，都能慰藉我们疲惫的身心。作家郭文斌说过，一个人心存安详时，一饭一粥、半丝半缕，都足以让其感悟人生。如果你还在四处寻觅一片安详，不妨转身打开自家的门，或许你就能找到了。

李叔同的学生丰子恺，将人生分为三层境界，第一层是物质生活，第二层是精神生活，第三层是灵魂生活。李叔同一代大师的豪情风雅，也皆是基于柴米油盐的琐碎生活，这种生活让他在任何时候都能安下心来。

娶了妻子俞氏后，李叔同从一个弱冠少年，长成为一家之主，生活中有了更多的柴米油盐。虽然俞氏秀外慧中，但李叔同刚开始对俞氏没有多少感情，而且俞氏过于传统。两人的新婚之夜无言相对，直到第四天，李叔同才问了一句：“你识字吗？”这段婚姻开始得仓促，却是李叔同一生中最安稳的一段感情。

在举家南下后，俞氏仿若活成了一个“透明人”。李叔同的才情受人青睐，多篇文章登上报刊，和文人雅士舞词弄札，活得潇洒畅快。在他背后，是默默无闻的俞氏坚守在家，操持家务，侍奉婆婆。她知道丈夫在津时的习惯和审美，就照着天津的宅院去装修上海的屋子。

每天下午，无论李叔同在哪，俞氏都会沏上一壶普洱，精心准备几碟点心。渐渐地，李叔同也习惯了这样安逸的日子，每日品着清茶，翻阅一些诗文。待到夜幕落下，俞氏点亮书房的灯，两人打个照面，便又沉默下来。俞氏的悉心照料，给了身在异乡的李叔同足够的安全感，李叔同也十分满足于这种平静的生活，在艺术创作上屡添佳品。

后来，两人先后生下三子，而长子不幸夭折。家庭中出现了新生命，俞氏继续扛起照管家事的重担。家中一片安然，李叔同得以全身心地投入事业，即便在外头碰了壁，家中也总留着一盏灯，照着他的内心。在上海的几年间，李叔同的家庭生活是最幸福祥和的，这一点，他自己后来也是亲口承认了的。

生命之初，每一颗心都是纯良清透的，可在不断求索中，这颗心蒙了灰沾了尘，已经看不清自己真正想要的安详是什么样子了。为了能让自己活得更有安全感，奋力追求着锦衣玉食、豪门巨室、声名显赫的生活。可这些虚无的外物，也只是暂时地满足了自己的虚荣心，得到再多，心里也是空落落的。

真正的安详，能够帮我们治愈所有的坏情绪，把我们从孤独、颓废、悲伤中拉出来，成为安稳度日的精神支撑。这种精神鼓励，越简朴、越真实，越容易打动人心。正如你走在回家路上，看到家人为自己点亮的灯；或是在你饥肠辘辘、踏入家门的时候，看到了袅袅炊烟；或是你在外漂泊时，家人不离不弃。生活中的柴米油盐，值得我们心怀感激。

一个学僧跟着老禅师修道了十几年，却还没顿悟。这日，他去求禅师开示。

禅师听闻，解释道：“我每日都在教导你，奈何你半分都没悟出来。自你到这儿来，端茶、倒水、吃饭、念经，都是修行。”学僧听了，用心体悟其中道理，仍迷惑不解。

禅师接着说：“如果你只是为了参悟而去研究佛理，只会渐行渐远。若是你想虔心修行，就该明白，生活就是佛。”

学僧这才顿悟。参禅悟道，就是从粗茶淡饭开始参透的；若是一直脱离生活去空想，就很难探究到人生的本质。

享受柴米油盐中的安详，不是退隐于世，也不是消磨斗志，而是学会生活中的小智慧。外面的世界纷繁复杂，一如风中浮云，飘摇不定，从简朴中寻得安详，才能自得其乐。

我们习以为常的生活，其实蕴含着不少的人生哲学。有人曾说过，人生就应该如“柴米油盐酱醋茶”一般，过得有滋有味。柴火的热情温暖、大米的朴实无华、油的润滑多用、盐巴的提鲜增味，都传达着一定的生活态度。可见，琐碎生活里，不仅有定人心神的安详，还有不少为人处世的小门道。

人生的真理，只是藏在平淡无味之中。一杯白水、一碗热饭，平淡如斯，也是从容安详。不要总被生活中的压力蒙蔽了发现美的眼睛，多多享受平淡的生活，就守住了人生的幸福。

生亦何欢，死亦何惧

诸多文化典籍都不吝称颂新生命的诞生，如中国神话里的女娲造人，《圣经》里的亚当与夏娃。但关于死亡，大家往往讳莫如深，谈之色变，临死的恐惧、死后的悲凉，听闻便有窒息之感。

新生真的值得如此欢欣吗？死亡又真的如此可怕吗？因人而异。庄子解读生死，给出了这样一个答案："生亦何欢，死亦何苦。"很多大师的生死观都是如此豁达，将生死置之度外，无畏无惧，顺其自然。

1900年，李叔同的次子李准出生了。上海的小洋楼里，新生儿哭声洪亮，上下欢欣。这是他们家庭里的第一个小生命，本该是满堂欢庆的时刻，李叔同却思绪繁多。

新生命，总会让人察觉到时间的流逝。李叔同在欢喜之余，真切地感受到了岁月无情。在风华正茂的年纪，他就写下了《老少年曲》来感慨韶光易逝，似是不甘，又似自嘲，名句"一霎光阴底是催人老，有千金也难买韶华好"广为流传。

有生必有死，生死交替，才是轮回。生命的消逝，亦是在告诫活着的众人，好生度日，免得时光飞逝，白头时后悔不已。

儿子出世没多久，李叔同的母亲王氏就驾鹤归西了，李叔同这一次体会到死别之痛，为亡母操办了一场别开生面的丧仪。

他要求前来悼亡的宾客不准披麻戴孝，着深色衣服即可，也不用行跪拜礼，只需鞠躬示意就行。来客赠予的财物，李叔同也全部拒收了。这种葬仪一改传统礼制，更具西方特色，肃穆之中，少了几分悲怆。

在葬礼上，李叔同奏曲吟唱了为母亲所作的《梦》："梦挥泪出门辞父母兮，叹生别离。父语我眠食宜珍重兮，母语我以早归。月落乌啼，梦影依稀，往事知不知？汨半生哀乐之长逝兮，感亲之恩其永垂。"句句真情流露，不哭不泣，却感天动地。这首曲子，不仅饱含他对母亲的深爱，也传达了他的生死观。"亲恩永垂"便是，逝者已逝，也永驻心底，尘土消散，只是换了一种存在的方式罢了。

死亡并非都是美好的终结，或许是一种美好的回归。佛说，我们来到这个世界，是为了渡劫，渡完了劫，便能往生极乐了。如此看来，死亦无所惧。

庄子的妻子死去时，他欢歌庆祝，并非是与妻子不睦，而是了悟了生死，由衷祝福。他在《秋水》中写道："明乎坦涂，故生而不说，死而不祸，知终始之不可故也。"生死自有"天命"，我们可以体悟，但无论喜悦与悲伤，都无法改变生死的存在。

孔子也曾说过："未知生，焉知死？"生死各有意义，活着就要活得有价值，死就应当死得其所，一如舍生取义。看透了生死，才能顺其自然，既不想方设法地贪生，也不顽固抗拒死亡。

一位年迈的禅师，自知时日不多，在圆寂之前，就开始考虑身后事了。众多弟子和朋友纷纷前来探望，一时间禅院里聒噪不停。

大弟子见师父有人照料，便赶去市场买师父最爱的糕点。他好不容易买到了糕点，又马不停蹄地赶回禅院。

榻上的老禅师，双目时睁时闭，似乎是在等着谁来。大弟子很快赶了回来，双手将糕点奉给禅师。禅师稳稳地接过来，死亡降临，但他仍不慌不忙。

有人问道："大师，死亡当前，为何您不感到恐惧，还能如此淡然呢？"

禅师有气无力地回答："我的身体已经是油尽灯枯了，死去是随时的事，不必再畏惧了。即便凡人之躯已故，精神犹存。"说罢，他拿起糕点，品尝毕生最爱。

等禅师吃完了，弟子问："师父，您有什么话交代给弟子们吗？"

"谢谢你们的精心侍奉，我很满足了，也谢谢你们送我去往极乐世界。"

从婴孩呱呱坠地，到老人行将就木，就似春日草木生、秋日花木枯一般，这是自然规律，不可逆转。佛家将"死"视作"往生"，他们认为人的一生就是一次生死轮回，到时间降生，到时间离世，才能有新的开始。

有人向死而生，有人想得永生，到底什么是生，什么是死？臧克家有一首诗《有的人》："有的人活着，他已经死了；有的人死了，他还活着。"生死不是看脉搏，不是一个襁褓，也不是一口棺柩，而是能够留存于世的精神遗产，或是在世时所做的贡献。在这些面前，生与死都不值一提了。

如果生命终将消亡，就以最美的姿态活着，如夏花般绚烂；以从容的姿态死去，如秋叶般静美。生命的长度，我们决定不了，况且总会有各种各样的意外，我们只能决定自己人生的分量，且活得尽兴，待来日畅快地离开这个世界！

第五章

低调，以虚养心

低调，是一种平和的人生态度。

低调做人，得意时不骄不躁，失意时不卑不亢。

低调，是一种豁达的处事智慧。

与人相处，不要锋芒毕露，懂得收敛，大智若愚。

世间万物，都起源于低。

地不畏其低，方能成就大海的浩瀚。

人不畏其低，方能成就一番伟大的事业。

不轻慢任何人

重文轻武、轻世傲物……自古以来，“傲慢、轻视”都是贬义词，一个人轻慢别人、贬低别人，实则是在损害自己的品行与修为。任何人都有自尊和独立人格，没有谁是高人一等的，因此不可轻慢任何人。

佛教徒认为，佛和菩萨经常化身为各种身份的人，在人间游历，可能路边的乞者就是一位圣人的化身。聪明的人，会恭敬地对待每个人。

古人总说文人相轻，但李叔同尊重每一个人，善待每一个人，其格局和境界不同一般人。

自南洋公学一别两宽后，李叔同与老师蔡元培很少联系。直到1927年，僧众受到世人的薄待，两人站在了彼此的“对立面”上。

当时，蔡元培在一次青年会上做了公开演讲。就推进宗教改革问题，蔡元培指出，寺庙等公共物品，不应是僧人的私有物。基于这个理论，蔡元培提出了两个主张，其一，推行佛化教育，让所有僧人都致力于普渡众生，宣扬入世精神；其二，将部分寺庙改建为工场，让僧人驻守在此，一边修道一边劳作。

这番言论一经传出，激起了千层浪。有些人甚至亲自到寺庙里驱赶僧人，让僧尼婚嫁。这大大破坏了佛学传统文化。

身为出家人的弘一法师，看见僧人备受轻蔑，心生不忍，决定替受到不公平待遇的僧人们发声。他请求曾经的同事堵申甫把自己的邀请函交给闹事的人。这些人收到信后，到了约定的常寂寺。

弘一法师告诉众人，佛界、俗世都有诸多不劳而获、不耕而食的人，僧人们远比世俗人简朴得多，他们一身行囊，四海为家，世间的人应当用平常心来看待他们。世间有太多人钟鸣鼎食、暴殄天物，为何众人没有胆量去教训这些权贵，却来声讨吃粗茶淡饭的僧尼呢？众人听完，这才意识到自己心存偏见，言行有失，这场闹剧很快就平息了。

接着，弘一法师以学生身份亲自致信蔡元培。信中，弘一法师说，僧人修行确是良莠不齐，但世俗人不应该轻慢所有的僧人。他还提议，若是要整顿僧众，可以将此事交托给弘伞、太虚二位法师，让他们晓之以理，动之以情。

蔡元培细细读完了这封信，也改变了自己的主张。

懂得尊重别人的人，往往也能得到别人的敬重。反观那些恃才生骄、目空一切的人，身边空无一人。如果我们对别人能够恭敬，别人也会乐意真诚与我相交，说不定就是一段佳话。

佛话讲“有势不临难”，人一旦有所成就了，就容易变得目中无人，变得傲慢了，就会得意忘形，失去更多。有大福报的人，大多是谦虚本分的，不会轻慢任何人。妙湛法师曾对弟子说过：“不知哪一块云会下雨。”无论他人的现在、未来如何，他都一视同仁，盼着每个弟子都能得道高升。

妙湛法师修行日久，境界非寻常弟子可达，但他仍旧在降伏自己的傲慢心，不高看自己，也不轻视任何弟子，将心比心，谦卑待人。《俱舍论》说过，在佛教三毒中，傲慢很容易被忽视，等自己察觉到的时候，已经被荼毒了。傲慢是人生路上的业障，需要自己时不时地自我审视，斩草除根。

以貌取人、一言定论，都是在轻慢别人。我们不能只看到一个人的表面，就草率地主观臆测，否则就是不尊重别人。如果自己预判失误，于人于己，都可能造成一定的困扰。每一个生命背后，都藏着一段不为人知的故事。应把每个生命都看作传奇，向每个人致敬，做一个谦和有礼的人。

有真才实学的人，都是虚怀若谷、毕恭毕敬的。正如《道德经》中所说，谦虚谨慎的人，犹如冬日踩冰渡河；又有俗语，“傲慢的山上，留不住功德的水。”不轻慢任何人，尊敬一切众生，我们才能守住福报。

不耻下问，不拘年龄

《论语·公冶长》中，孔子赞赏孔圉“敏而好学，不耻下问”。做个聪颖好学的人，只需要我们细心观察、勤奋，这很容易做到。但要不耻下问，我们就得不卑不亢，虚心求教，这要有过人的修养才能做到。

一个年纪轻、能力弱、地位低的人，向一个资历丰富、能力强、德高望重的人请教，似乎是天经地义。如果反过来，一个出类拔萃的人，向不如自己的人学习，那他的虚荣心、自尊心就会受到挑战，会羞于启齿，耻于请教。可见，能做到不耻下问，也是很难达到的一个境界。

“世进士第”之家出身的姚惜云，在《李叔同与我家之关系》这篇文章里，说李叔同“终年盘桓”于天津众学者之中，“不耻下问，学与日增”。1901年，李叔同从沪返津，就曾寄住在姚家。一众津门名流，如书法家孟广慧、华世奎，诗人赵元礼，金石家王钊等，纷纷前来叙旧，关心他在沪的生活。这些名家都是李叔同青少年时的师友旧识。

未及弱冠的李叔同，艺术造诣日高，才华出众，他的国学知识、诗词书画等都卓尔不群。因此，他能与各大学者往来密切，相互进益。因为自幼接触的大师们都十分谦逊，李叔同耳濡目染，在求学之路上始终怀着一颗谦虚的心。

在选择出国留学的时候，李叔同已经名噪一时了。在南洋公学的一年里，他基本掌握了日语和英语，但他的听说能力还不足以与异国的老师、同学交流。

到了日本以后，他整日待在自己的小楼里，补习日语，自学美术和音乐。为了锻炼自己的日语能力，他加入了一个名为“随鸥吟社”的日本诗歌社，发表了《春风》《朝游不忍池》等作品。他虚心学习他人所长，补齐自身的短板。

考上了东京上野美术学校后，李叔同求学若渴，所有的课余时间几乎都是在求学路上。展览会、音乐会、歌剧院、书店等，随处可见他的身影，展览会的工作人员、音乐会的听众、书店老板和房东女儿，都是他请教学习的对象。

李叔同一生都在尝试新事物，在初涉新文学、外语、报刊、教育等领域时，他也需要不断请教别人，以做到博古通今。不耻下问，是提升学识修养的必经之路。

孔子曰：“三人行，必有我师焉。”无论自己有多优秀，别人的身上一定有可取之处。韩愈说，人不是生来就知晓一切的，每个人都会有疑惑。我们身处的世界在不断变化着，未知会越来越多。倘若自己顾虑太多，不虚心学习，就会活得越来越局限。即便一个人再“敏而好学”，也不可能习得一切知识，所以才要一直做学问。

所谓学问，就是要在提问中学习精进，以谦卑之态，主动向优秀的人学习。如果把那些优秀的人当作自己的老师，就不会瞻前顾后，羞于启齿。《师说》是这样界定老师的：“无贵无贱，无长无少，道之所存，师之所存也。”学习，不论高低贵贱，只要别人能教会我们一定的道理，就不必拘于他的年龄，应以他为师，虚心受教。

南北朝时，贾思勰撰写了一部完整的农学巨著《齐民要术》，声名远播。他奔波各地，收集各种农学知识，还专门找庄稼人探讨。一次，他与一对农民父子在田埂上察看稻谷的长势。一些人知道了，就对他冷嘲热讽："堂堂太守，还要向两个草民求教，真是有失体面。"

贾思勰听闻后，不以为意，仍到农户窝棚里，诚恳地向老少农民虚心求教。

谦虚与进步相伴，自傲是无知的开端。一个人越谦虚，越能发现自己的无知，才会虚心、主动地学习知识。不耻下问，就是通往知识的一条捷径。它既节省了自己探知、试错的时间，还能增进与智者的交流。面子浅、没胆子去请教别人，这些都是借口，其实是不敢直面有缺陷的自己，也不愿意承认别人的优秀，害怕自己丢脸。

真正好学不倦的人，不会因为"保全颜面"而放弃一次自我增益的机会。他们的所思所想，都是如何学会未知的知识。知名教育家南怀瑾，就是一位不耻下问的学生，他不仅向社会地位比自己低的人学习，也向学问不如自己的人请教，甚至会向晚辈学习他们擅长领域的知识。能放下颜面虚心求问的人，无论世界怎样变化，都会是大浪淘沙后的金子。

曾子云："以能问于不能，以多问于寡。"我们要以先贤们为榜样，谦虚治学，主动求问。精通文史的人不一定精通数理，精通艺术的人不一定精通器物，术业有专攻，我们要学习的东西太多了。况且江山代有才人出，老者有处世之道，少者有傍身之技，不能用年龄来衡量一个人的学识。

山外有山，没有人能一直屹立在知识的巅峰。要善于求教，"借人之智，修善己身"；也要认识到人外有人，坚持虚心治学的态度，做一个不耻下问的人。

有才而性缓，定属大才

大海以其深沉平和、守护千万生灵的安宁，为世人歌颂。做人也当如此，以缓养性，以慢养行，可观万物之理，成就旷世奇才，如《格言联璧》所言："有才而性缓，定属大才。"才能出众，亦要稳重理智。

上天赐予的才华，就是一柄双刃剑。恃才生骄了，能享一时荣耀，却也会招致无穷后患，曾国藩说过："天下古今之才人，皆以一傲字致败。"如果一个人既有才能，又性情沉稳平缓，做事低调，就很有可能做成大事。

李叔同才情出众，这是有目共睹的，还被林语堂奉为当时最具才华的天才之一。这样一个天才，却骤然遁入空门，常年闭关修著律宗经学。

受戒以后，弘一法师就到处广览藏经，潜心研习。在1920年的夏天，他去了新城贝山修行。在这个与世隔绝的山寺待的半年时间里，弘一法师钻研了《弘教律藏》，以及从日本请来的《戒本疏》《行事钞》等著作。1921年正月，他回了杭州，细细研读了《四分律》，发现其中有不少值得商榷的地方，便产生了编写《四分律比丘戒相表记》的念想。

为了找到一处清净的地方，弘一法师移居温州，专注地编写这本书。他用了四年的时间，在《四分律·初分》的基础上，将比丘戒中的250条戒条，按照境想、开缘等情况，分制为列表，加以灵芝、见月大师的注解，一目了然。整本书，都是由弘一法师用小楷逐字逐句抄录下来的，让人心生敬重之意。1924年，《四分律比丘戒相表记》出版石印，被世人誉为继灵芝大师之后的“律学第一著作”。

还有不少的佛学著述，是弘一法师在闽南完成的，其中包含了十余篇书序，约三十篇跋、十余篇题记、诸多法事行述、各位大师的传记年谱……《南山律在家备览略编》《南山律苑文集》《晚晴集》《晚晴老人讲演录》《弘一大师大全集》等，后来陆续出版了。

为僧二十年，弘一法师的佛学成就，是博览全书积聚出的智慧结晶，亦是他数十年如一日平缓心态的映射。他以一己之力，复兴了沉寂数百年的南山律宗，若功力不深，用心不专，绝不能成。

胸怀大志的人，即便有盖世之才，也不会恃才傲物，急于表现；见识卓越的人，往往不会心浮气躁，而是内敛沉稳。正是达到了这种境界，他们才能想得更深，走得更远。

佛家认为，“静能生慧，慧能生智”。《菜根谭》中有云：“心和气平者，百福自集。”《大学》中有言：“静而后能安，安而后能虑，虑而后能得。”要想达到有才而性缓的境界，就要心态沉稳，意志坚定，低调做事。生活中，让人折服的人，往往性情温和，说话掷地有声，做事循序渐进。

管住自己的暴脾气，平复一时的激动愤慨，不急不躁，事情往往能慢慢变好。

春秋战国时期，有一位水利专家西门豹。他天性聪颖，一学就通，但他脾气火爆，常把事情办砸。为了磨自己的性子，他想了个办法，找来一块极软的皮子，把它挂在腰间。只要他觉得血气上涌，就摸一摸这块软皮子，告诫自己要像皮子一样柔软，要沉得住气。

后来，西门豹赴邺城任县令。赴任路上，他听闻邺城有巫婆勾结县官私敛钱财，还将妙龄女子当作贡品献给漳河河神，以求风调雨顺。听到如此荒谬的消息，西门豹十分气愤，但他很快冷静下来。他决定先微服私访，弄清始末。想好了对策后，西门豹告诉所有的县吏：“给河神娶媳妇，这么重要的事情，我到时候必须亲自参加啊。”

献祭那天，巫婆和众官员簇拥着“新娘”走到河边。西门豹不悦道：“此等丑陋的女子，怎可献给河神？”他盯着巫婆，又说：“麻烦神婆派人告诉河神，择日挑个最美的新娘。”不等巫婆反应，士兵就把巫婆的大弟子扔进了漳河里。

过了一个时辰，不见弟子回来，西门豹一副着急的样子：“再派二弟子去催催！”只听得扑通一声，众人又静了下来。良久，西门豹开口说：“这两人都被河神留住了，劳驾神婆走一趟了。”神婆也被扔进了河里，却不见踪影。众官员见状，连连保证，再不干这事了。

有时候，温言细语，比雷霆大怒的效用更好。做事要慢慢来，“沉能制浮，缓能制急”。当我们斗志满满的时候，免不了冲动和浮躁，这样于事无益。先让自己沉淀下来，多读读书，养养性子。读书，是在修身养性，看的书多了，格局自然会打开，脾性就会变得温和，在遇到问题时，就能换个角度看问题了。

冲动、冒进、气急败坏，只会让事情变得更糟。唤醒泰然从容的灵魂，时刻保持清醒，用好脾性为人处世，才能有所成就。

凡事皆当适可而止

“行至水穷处”，停下脚步，恰到好处；“坐看云起时”，适时而变，入目皆是美景。人生，也是如此，凡事皆当适可而止，进退有度，才是最美的姿态。

古人言：“福德尽享，则缘必孤。”事物都不是取之不尽、用之不竭的，我们享用、消耗的越多，剩余的就越少。可总有人贪心不足，得陇望蜀，结果引火烧身。我们要懂得留有余地，当休则休。

1917年，李叔同前往虎跑定慧寺进行断食，随行的校工闻玉，帮他打理断食后的生活起居。

在李叔同的断食日记里，他抛弃了早年优渥的生活，在第一周控制食量并逐日减少，第二周不进食，只喝水，第三周开始慢慢增加吃食，过渡到正常饮食。以下是李叔同的断食日记摘录。

“丙辰十一月三十日：清早六时起床，静坐片刻，盥洗，六点半以后，习字一点钟。早餐，粥大半碗。饭后，静坐。九时起，习字一点钟。午餐，饭菜各一碗，十二点后，午眠。下午二时起，静坐。三点钟起，习字。饥肠辘辘。晚餐，饭菜各一碗。饭后，静坐片刻。就寝。”

“丙辰十二月六日：今天，整日饮甘泉。断绝人间烟火。习字，静坐。思丝，虑缕，脉脉可见。文思渐起，不能自已。晚间日落时入眠。”

“丙辰十二月十七日、丙辰十二月十八日：七天不食人间烟火。精神，笔力，思考奇利。”

从李叔同的断食日记来看，何时开始辟谷，何时开始进食，李叔同都将这一切安排得明明白白。这种特殊的控制和约束，让李叔同感觉神清气爽，思想上也有所精进。回校后，李叔同的教学风格更显“佛系”，适可而止，绝不强求。

弘一法师在《格言别录》中批示，事有不足，方觉其中精妙，若是“事事足意”，便会有祸事不期而至。他还十分赞赏邵康节的一句诗“好花看到半开时”，其中意韵雅致，富含哲理。

《道德经》曾说过，水满则溢，在倒满之前就应当收手。如果把每件事情都做得太绝，我们常常就难以安全地脱身。诱惑如此多，如果自己不懂得适度的原则，就容易坠入看不见底的深渊。是人，就有欲望，但我们不能任由欲望变成贪念。

有个老樵夫，在山道上砍柴。口干舌燥的时候，瞧见了一汪清泉，心下暗喜。他走近一看，旁边竖着一块牌子：“此泉水可让人变年轻，勿多饮。”于是，他低下头，掬了一捧水，浅尝辄止。

刚喝完，他就变成了一个体魄健壮的年轻人，他惊喜不已，便赶回家去，想让妻子也重返年轻。可到家后，左等右等，都没等回妻子，樵夫担心，便去山里寻她。

路过那汪清泉时，他看见一个嚎啕大哭的女婴，身上盖着他妻子的衣服。原来他的妻子也看到了这泉水，为了永驻青春，喝了几大口，越喝越多，结果就变回了婴儿。

做人，要及时收回贪婪的双手，否则，到手的宝物也会成为烫手山芋。聪明人都懂得适可而止是一种保全，是以退为进。范蠡在步步高升的时候，没有选择加官进爵，而是讨了不少金银财宝，转身脱下官服，去做生意了。没有贪心，往往活得更畅快淋漓。

月盈则亏，人生变幻莫测，起伏不定是常事。圆满有圆满的完美，不满足有不满足的意趣。适可而止，并不是消极的人生态度，而是用随性的姿态，去接受不一样的人生，或许这也是一种完美。

过分随意，日渐无所事事，人就失去了斗志；过分紧张，一刻不得闲，人就日渐形销骨立，因而要劳逸结合，行事适可而止。春雨适量，能滋养万物；若是连日缠绵，就葬送了新生。

老子云："持而盈之，不如其已。揣而锐之，不可长保。"任何事情上，都应该知道自己需要在哪里止步，这是一种保护自身的智慧，也是对生命的敬畏。

过而能知，知而能改

人都会犯错，圣贤也是，不过，圣贤强于常人之处，就在于他们能自省知错，改过自新。《易论第九》有言："过而不能知，是不智也；知而不能改，是不勇也。"愚钝之人，往往发现不了自身的错误；怯懦之人，往往没有改正错误的勇气。

君子，当有反躬自省的聪慧，也当有悔过自新的志气。即使一个人未经世故，但自身犯错了，是定能察觉出来的。如果怕自己因为承认错误而丢了面子，选择一错再错，这样反而会被更多人嘲笑。敢于正视错误、纠正错误的人，会赢得大家的喜爱和尊敬。

李叔同的自省精神和忏悔意识，随着年龄增长，越来越强。修行日久，他内心的愧疚感日益深重，还将自己的种种业孽记录在案。

出家前，李叔同写了一封信给学生刘质平，信中说自己"罪业至深"，恐怕时日不多，想尽快修行，为过往赎罪。1933年，他在《改习惯》中写道："余于三十岁时，即觉知自己恶习惯太重，颇思尽力对治。"1937年，李叔同自号为"二一老人"，正是因为反省自己，觉得自己德行有亏，一事无成、一钱不值。临近花甲之年，弘一法师作了《最后之忏悔》一文，回顾毕生，只觉“不堪回首”，尤其是在出家以后，一再“堕落”，常常昏聩糊涂，不成样子。

这颗忏悔心如影随形，让李叔同走上了改过迁善之路。坦荡面对曾经的过错，推翻自己的言行，需要极大的觉悟和胆识。孔子曰：“闻义不能徙，不善不能改，是吾忧也。”最怕就是有过不知。听到善意中肯的意见，就坦然地接受。不断思过，洗心革面，即使犯了错，也是君子之过，无伤大雅。

如果因为害怕犯错、羞于承认错误、懒于改过自新而不了了之，就会因小失大。每个人都是在犯错、改错中走向成熟的。知过能改，一个人才能精进不休。

我国的书画大家齐白石，荣誉加身，不改本色，时刻记得自省。

1952年的一天，诗人艾青拜访88岁高龄的齐白石，特意带来一幅他多年前的画作，请齐老先生一辨真伪。齐白石拿起放大镜，端详许久，最后确定是自己的作品。他骤然想起当年作画时的情景，心下感慨，便想用现下刚完成的两幅画作交换回来。

艾青一听，连忙把画藏进怀里，说：“您就是拿出二十幅来，我也不换。”

送走了客人，齐白石不禁感慨道：“这些年，我是浮躁了许多，今日的作品同昔日的相比，实在是拿不出手啊。”意识到自己的懈怠，齐老先生更为谦逊了。

从此以后，齐白石重新拿起画笔，从最基础的描红开始，天天练习技法。正是凭着这种“过而能知，知而能改”的态度，齐老先生晚年的作品也十分精良。

人无完人，正所谓“智者千虑，必有一失”，即使达到了常人不能及的境界，人仍然可能犯错。因而，有自省的能力，弥足珍贵。善于自省的人，可以扬长避短，让自身的优势成为过墙梯，让劣势成为成功的垫脚石。

但是，一些人常常掩盖自己的过失，将自己的责任推卸到外物上。《格言联璧》有言："静坐常思己过，闲谈莫论人非。"要经常安静地坐下来考虑自己的过错，自我反省，以是克非，远比议论他人是非有意义多了。

儒家主张"日三省吾身"，养成躬亲自省的习惯。常思己过，可以看到庐山真面目，可以形成客观的判断，做到"清醒不自骄"。很多人的堕落，都是缘自欲望膨胀，遮住了本心。在我们还没有被浮云遮住眼睛时，就要重视修身养德了。

见贤思齐，多多效仿古圣时贤，自省、改过、身体力行。在入睡前，回想自己在这一天，在思想、道德、家人、朋友等方面，是否言行不当，须"有则改之，无则加勉"。要客观、虚心地审视自身，切不可狂妄自大，自以为是。

自知者明。认清了过错，我们才能准确地修剪掉错误的枝杈，留下花苞，静待花开。布朗宁曾说过："能够反躬自省的人，就一定不是庸俗之辈。"知错能改，择善而行，更显心胸之广，更见生命之深。

激流勇退可以免除祸患

世界上的事情，大都是身不由己的。做人要懂得激流勇退，慎始慎终，谋长远安宁。

老子曾说：“慎终如始，则无败事。”有人能立于不败之地，正是因为他能保持一份清醒，退得恰逢其时。

有人评价李叔同的一生，是“绚烂之极而归于平淡”。二十文章惊海内，一曲《送别》无人不晓，他在音乐、绘画、书法等诸多领域独占鳌头。在名声鼎沸之时，他却骤然回归淳朴，投身佛门。

在杭州时，世人对这位半世荣华、半世佛光的传奇人物津津乐道，褒贬不一，也不乏闲言碎语。在滔滔不绝的评论声中，弘一法师避至温州。当时的温州人烟稀少，他在这里过着无人问津的云游生活，有时还需要接受别人的布施。

这天，弘一法师去了五马街，这儿有很多杂货铺，他要买些日用品。在路过一家电影院时，他停下了脚步，面前是《花好月圆》的剧照。画面上，一位女子倚在阴暗的角落里，低着头。他的驻足，并非是被女子的美貌或是生动的画面所吸引，而是胃痛难忍，只好弯下腰来。

或许，低头抬眼之间，弘一法师想起自己曾经在话剧社的日子，想起孤苦伶仃的母亲……即使瞬间千头万绪，他依然压下了心底的波澜，若无其事地离开了电影院。他早早地“激流勇退”，了断了与尘世的对抗，终成一代祖师。

激流勇退，是在劝退自己的欲望。应该后退的时候，还坚持往前走，总会大难临头的。司马光谈到韩信之死时，说一代名将不知功成身退，才不得善终。乌龟在感知到危险的时候，都会将脆弱的四肢缩回到坚硬的龟壳中。再愚钝的人，也会有自保意识，明知山有虎，还横冲直撞，这可不是勇猛，而是犯傻。如果人面临着进退的选择，就要深思熟虑，也许在最高峰时退后，才会有更好的结局。

《菜根谭》说过，好运的尽头便是厄运；若是自觉恩泽不尽，在春风得意时不知收敛，就会生出祸患。抱着“见好就收”的想法，享受过钟鸣鼎食、位高权重，就不再过分贪恋。全身而退，明哲保身，换一个领域，可能会有新的成就。

春秋时期，才智过人的孙叔敖，年纪轻轻就当上了楚国的令尹，朝野上下，纷纷去他的府邸拜贺。如此看来，可谓是人生赢家啊。

直到一个老人登门拜访，老人问孙叔敖：“有三件好事和三件坏事，你可曾听过？”

孙叔敖谦逊地回答：“晚辈不曾听过，愿闻其详。”

老人接着说：“那些品阶很高的人，常为人所妒忌；那些官位显赫的人，君主忌惮他；而那些俸禄丰厚的人，众人对他都会有诸多不满。这就是三利与三害。”

被老人这么一点拨，孙叔敖恍然大悟，说：“我的品阶越高，就越谦卑；我的官位越高，就越谨慎；我的俸禄越多，就做更多善事。这样，可以免除灾祸吗？”

老人连连称赞，欣然离开了。

老子曾言，物极必反，水满则溢。激流的尽头是汪洋大海还是悬崖峭壁，我们不得而知。但一条路走到黑，必然是伸手不见五指的。到时候掉进了陷阱，自身难保，而背负在肩上的名利，就成了爬出深坑的累赘。

迷恋于权势、金钱的时候，一般人很难即刻抽身而出。能激流勇退的人，少之又少。如果确实是栋梁之材，那半途而废确实是一种损失。但更多的人会面临不得不退的情况，那就一步一步慢慢往后退。待人处事，低调踏实，不居功自傲，不四处炫耀，姿态放得越低，你的人生越稳妥。

找到恰当的时机，选择功成身退，把好声名都定格在过去，从荣耀中突围而出，发现生命中新的板块。旦夕祸福，不可得知，保持好忧患精神，当退则退，避免悲惨的命运降临。

凡事知退让，可以避灾祸

凡事争强好胜，就会埋下诸多祸根，不吃眼前的小亏，日后就要吃各种大亏。李叔同曾说过，学一分退让，讨一分便宜，增一分享用，减一分福泽。适当退让，退回到一个更安全的环境中，我们也能活得更轻松快乐。

过分在意各种小利益，得到的可能会比付出的更少。不退让，势必要付出不退让的代价。不是每个人都有强大的背景和后盾可化险为夷。如果没有强大的实力，就会被反噬，最终吃大亏。

在日本时，李叔同和三五好友，将春柳社做得风生水起，剧团出品的诸多舞台剧，尤其是《茶花女》，让这个中国社团在日本广受赞誉。后来，他们一行还表演了《黑奴吁天录》，引发热烈反响。但好景不长，由于当局的不满和物质上的困难，少数派别提出解散春柳社。

李叔同在和朋友们商量后，决定忍气吞声，低调创作。这以后的春柳社藏起了锋芒，直到辛亥革命后，才以上海为基地，重放光彩。

李叔同还说过，忍与让，可以消除无穷灾悔。一个人有容人之量，有退一步的智慧，才不会做出害人害己、后悔终生的事。古语有云，终身让路，不失尺寸。不是原则性问题的小事儿，得过且过就行。

吃点儿小亏，不足挂齿。吃小亏，能节约纠缠小利小得的时间，也不会自寻烦恼，远离负能量。吃小亏，不仅能彰显出自己的宽厚品格，还能借此看清别人，与善人同行，不会吃大亏。

谚语有云："人心换人心，八两换半斤。"不去强求身外之物，就不必担心别人会对自己不利。能有吃小亏的心态，率先向别人示好，说明自身愿意付出，不斤斤计较，也能换来相安无事。

清代有个流传甚广的"六尺巷"故事。在安徽桐城，大学士张英的老宅和一位吴姓人家的老屋毗邻而居。巧的是，两家人要同时建新房，为了争抢到更大的地皮，两家人争执不休。

张老夫人见状，便修书给张英，让他出面。张英看完书信后，作了一首名诗相劝："千里修书只为墙，让他三尺又何妨？万里长城今犹在，不见当年秦始皇。"

张家收到此诗，便主动将院墙退后三尺。吴家人不免惭愧，也自发地把墙往后移了三尺。两家的院墙之间，是一条"六尺宽"的巷子，一显两家人的胸襟。若是两家人都不愿意谦让一步，局面只会越来越僵，一发不可收拾。

与人相处，摩擦常有，家里人不会过分介怀，但外人可能会因为一句话而记恨很久。任何时候，都不必死撑到底，钻牛角尖是找不到出路的，只会落人口舌。退让，可能会让我们损失一些东西，但能够避免与人相争，避免埋下隐患。

人生在世，懂得屈伸，才能过好日子。有些人总觉得自己位高权重，辉煌一时，所以任何时候都不能"卑躬屈膝"，但这样一来，就会有很多不和谐。《史记》中载："非大贤人，不知退让。"真正的贤德之人，只会把退让视作礼让、谦退，而非心虚理亏。

人生旅途中，遇到灼灼烈日，遇到不见其底的深渊，遇到难以战胜的对手，都可以选择避让的策略。这种退让，就不再是简单的吃亏，也不是无能放弃，而是识时务，暗中蓄力，静待更好的时机。试想一下，如果你盲目把对方逼入绝境，那对手势必会全力反扑，最后两败俱伤。

范仲淹曾说：“贵退让而黜骄盈，得天道益谦之义。”人在激动亢奋的时候，就容易失去理智，做事过头。若真是想要争取，也可以换一种手段，避其锋芒，保护好自己的空间，以图长久安定。

芸芸众生，万千世界，学会容忍，心中必是坦荡，学会退让，才能活得舒畅。俗话说“忍一时风平浪静，退一步海阔天空”，凡事知退让，才是与人方便，于己方便，与人为善，于己积德。

第六章

寡言，此事最为要紧

寡言养气，寡事养神，

寡思养精，寡念养性。

常常责备自己的人，往往能得到他人的谅解。

存平等心，行方便事，则天下无事。

怀慈悲心，做慈悲事，则心中太平。

过，莫大于多言

《围炉夜话》记载了隋人王通说过的一句话：“罪莫大于好进，祸莫大于多言。”好大喜功的人，往往会走上歧途，言语不慎的人，常常会招惹各种灾祸。一个人若是言语无忌，那所想所言，常常会伤害别人。不少纷争、怨恨和斗殴，都是言语有失引起的。

只是内心纯善正直还不够，一个有品格的人，还要注意自己的一言一词，以谨慎合宜为上。

1930年，弘一法师寄居在福建承天寺。当时，近五百人的军队驻扎在附近，吹喇叭、唱歌、放枪、大声喧哗……弘一法师的耳畔日日如此，他感到十分痛苦。

第二年三月，李叔同欲乘船远去温州。他本以为乘这条船能去往安静之地，不巧的是，船上有两百名士兵同行，在福州的时候才与他们分道扬镳。

后来，弘一法师在信中分享了这次的经历：“种种逼迫，种种污秽，殆非言语可以形容。”士兵们过惯了抽烟喝酒、插科打诨的生活，说话间不乏污言秽语。与士兵们共处的两天两夜里，李叔同难以忍受他们的言语冒失，称自己“脑神经已受重伤”。他到了温州还生了一场病，调养了一个月都没痊愈。

一个人的语言承载着最真实的想法，言谈间，就能洞悉一个人的文化修养和审美情趣。满嘴污秽、信口开河的那些人，会让旁人听来倍感不适，无论是否与人直接交谈，都是有伤人心。众人欣赏的，都是彬彬有礼的谦谦君子。

李叔同曾说过："人生最不幸处，是偶一失言，而祸不及……"或许我们本没有坏心，但一时口快，说了让人误解的话，就惹出了难以弥补的祸乱，实在是不幸。《鬼谷子》中载："言多必有数短之处。"管不住自己的嘴，不分场合、不分时候就滔滔不绝，说得越多，暴露的问题就越多。

一个人很难一直做到冷静自持，心境不同，说话的观点和语气都会不一样。心情愉悦的时候，赞誉之辞不绝于口；心情不快的时候，就会牙尖嘴利，无意间就讲出很多过分的话，结果就惹来了麻烦。正如古人所说："喜时之言多失信，怒时之言多失礼。"言多必失，我们开口时一定要慎之又慎。

言谈之时，越讲兴致越高，对外物、旁人的态度等，就会显露无遗。在当时的语境下尚可解释得通，但换一个环境，换一个听者，一句话就可能衍生出很多意思，加上别人的主观理解， 一传十、十传百，传到最后，意思就可能大相径庭，难免会被误解，形成仇怨。

其实，在自己言语有失的时候，我们可能就已经意识到了，就需要时刻反省。别人没有当面发火，可能是因为别人宽厚大量；自己说错了话，却没惹出祸端，可能是这件事情无伤大体，往后愈要谨慎言语。若是心生侥幸，说话全然没有顾忌，终会尝到屡次失言的恶果。

南北朝时，有一对父子因为言辞不当，一生惨淡收尾。

时任北周大将的贺若敦，战功累累，却未得晋升。对此，他多有怨词。后来，他率领全军平定湘洲，大胜凯旋。贺若敦以为这次必定会加官晋爵，可不料因为被人弹劾，反而降了职位。他心中愤愤不平，对传令史大放厥词。晋公宇文护听闻，下令让他自杀。他自裁前，特意叮嘱儿子贺若弼："如今我因为管不住自己的舌头，丢了性命，你可要引以为鉴啊！"说罢，他用锥子刺破了儿子的舌头，想让他长长记性。

暮去朝来，十载已过。贺若弼成了隋朝的大将军，但他狂妄自大，自认当个宰相也是绰绰有余的，便常有怨言。后来一些话传到了皇帝杨坚的耳中，贺若弼被捕下狱。杨坚严厉批评了他，说他有“三太猛”：嫉妒心太猛；以为别人不是的心思太猛；随口胡说、目无尊长的心太猛。贺若弼听了以后，允诺要改。皇帝念其有功，便释放了他。

出狱后的贺若弼，转眼就忘了教训，四处夸耀自己和皇太子关系匪浅，无事不说。后来皇太子之位易主，他的处境可想而知，最终被迫告老还乡。

为人处世，不该讲的话就不要多言一句，以免招致不必要的祸端。同样混迹于官场的曾国藩，曾十年连升十级，他一直奉行“说话不可任口”“戒多言”的原则。话越少，祸患越少，因而，能少说就少说。

说出去的话，如覆水难收。很多人说话图一时畅快，经常胡言乱语，导致没人敢相信他。把话说清楚，把事情做清楚，这样的人才靠谱。谚语有云：“良言一句三冬暖，恶语伤人六月寒。”伤人的话说多了，迟早会伤害到自己。

一个人问圣人：“您最怕什么？”圣人手指舌头，说：“最怕它。”深谙“祸从口出”的道理，就懂得要管好自己的口舌。总之，说话是一种修养，也是一种隐忍的艺术。

恶，莫大于言人之非

明朝的高濂，在《遵生八笺·清修妙论笺》中说：“祸莫大于纵己之欲， 恶莫大于言人之非。”过分讨论别人的是非，说别人的坏话，释放出来的恶意，会引出祸事。

有些人之所以喜欢谈论他人的是非，是因为他们的品德修养还不够。他们可能还没摸透事情的本质，就想借批判他人来彰显自己的优越感。这些浅显随意又得罪人的言论，一经传播，后果不堪设想。

一年初春，弘一法师在无锡惠山修行。一位弟子前来请教，对他说：“如今很多僧人都有世俗气，他们不愿意戒行，让人望而生厌。虽然弟子知道不该妄论人非，但我想帮助他们改掉这些坏毛病，却无能为力。”

弘一法师听完了，似笑非笑地说：“你既知道不该随便议论别人，却在我这儿说人是非。无论是为了什么，在背后说别人的过失，就不是品行高尚之人。出家人，修行有好有坏。我们不知个中缘由，怎可随便议论呢？况且，一切众生，过去曾为人父母，也可成未来诸佛。这样一想，对每个人都应恭敬以待，怎敢怠慢呢？”弘一法师说完，弟子惭愧得低下了头。

这个弟子随弘一法师下山，路遇一个僧人。弘一法师停下脚步，对他行礼，动作恭谨。弟子肃然起敬，往后再也不随意谈论人的是非对错了。

《菜根谭》有云：“来说是非者，必是是非人。”常议论他人是非，是小人行径。说人是非之人，必定是惹是生非的人。这种人，无论何时何地，都能言语刻薄，见谁说谁的不是，一点点小事情也会被他们无限放大。但每个人的交际圈确实有限，说来说去，这话就传到对方那儿了，彼此尴尬，令人讨厌。

真正的君子，都是说话光明磊落之辈。如果真的对别人有意见或想法，委婉地当面提出来，才是上上之策，还能显示出自己的一片善意。这是对别人的尊重，也是在方言矩行，规范自身。

春秋时期，鲁国有个名为孟武伯的大夫，这人向来言而无信，还喜背后说人是非。鲁哀公也深知他的恶习，一直对他不满，但孟武伯贵为名族之后，鲁哀会也就睁一只眼闭一只眼了。

当朝还有一位名为郭重的大臣，虽身形肥硕，但大有作为，备受宠爱。孟武伯对他常有讥辱之词。

一年，鲁哀公访问邻国后回程。孟武伯一行大臣都静候在五梧，为其接风洗尘。郭重亲自为鲁哀公驱车，看见了孟武伯，便对哀公说：“孟武伯此人，趁您远行，说了不少诋毁您的坏话，您一定要从严管治！”

当晚，鲁哀公宴请群臣。孟武伯一如既往地猖狂，在和哀公敬酒后，笑呵呵地嘲讽郭重：“你是吃了多少啊，这样肥胖？”

鲁哀公闻之不悦，便替郭重回答：“忍气吞声得多了，能不胖吗？”这分明是鲁哀公当着群臣之面，反讽孟武伯为人小气，言行不美。孟武伯顿时面红耳赤，颜面尽失。

世间形形色色的人，每个人的人生观、价值观也不尽相同。在曾国藩眼中，常说别人短处的人，就是“存心不厚，识量太狭”。也许我们眼中别人的“非”，在别人看来就是“是”，不必狭隘地判定别人的对错，也不必随意对别人评头论足。议论别人，多半是自身的傲气与自大所致。但是，我们自身并不是绝对正确的价值准绳，而且自己的错误也未全部改正，哪来的权利去讨论别人的是非？

一日，学生子贡在议论别人的是非。孔子就问：“子贡，你能与贤能比肩吗？我却没议论别人的闲工夫。”

茶余饭后，有闲工夫与人谈论时，可以古史今论，可以吟诗作对，可谈论的话题那么多，就尽量少论人是非吧。俗话说“打人不打脸，揭人不揭短”。纸是包不住火的，种种说人是非，迟早会为他人所知，若是别人添油加醋，必然会招来怨恨，埋下祸乱的种子。

在评判别人之前，别忘了先审视自己。试想一下，自己能否从容地接受别人的议论？别人用言论来伤害自己，自己又当如何？换位思考一下，你就不会再无所顾忌地议论别人了。

陆游在《闲居自述》中写道：“花如解语还多事，石不能言最可人。”飞短流长，即便貌美如花，也会惹出不少事端；若能沉默寡言，不闲言碎语，木讷的石头也能招人喜欢。

有人说，言语是人类所使用的最有效果的药方。不要把“良药苦口”作为自己随意议论别人的借口，随意议论别人的是非，就是在伤害别人，荼毒别人的心。与任何人对话，都要讲“柔软语、和合语、正直语”，这才是沁人心脾的药方。

话不可以说得太满

《格言联璧》中曾说：“事当快意处须转，言到快意时须住。”说话说得太满，自己就没了回旋余地，所谓“话到嘴边留三分”，也就是说，任何时候说话都要留有余地，自己才能进退自如。

在李叔同的语录中，很多箴语都道出了说话的一个境界，便是说得有度。说得越简单，越舒服；说多了，就是在浪费时间；说满了，就容易言行相悖，落下食言的话柄。

李叔同能正视自己的言论得失，并有了正确的认识和作为，世人皆可以此为鉴，虚心学习。

在出家前，李叔同亲手抹去了他前半生的痕迹，折笔藏印，遣散所有身外之物。为的就是在剃度出家后，他能立下誓言：“非佛书不书，非佛语不语。”他确实多年遵守誓言，以严格持律的精神，打动了世人。

可是，到了晚年，弘一法师在讲经弘法时，多次引用儒家经典。在拜读《格言联璧》后，他还亲自编写了关于精神品格和道德修养的《格言别录》。《晚晴老人讲演录》一书中，他也摘录了不少儒家格言、诗文。

在《改过实验谈》中，弘一法师称儒书“明白详尽”，尤适合初学者。

在佛门修行多年，弘一法师摆脱了对文化割裂的偏见，“以释观儒”，将传统儒学视作启蒙修道、参透佛法的一个工具。

除此之外，为僧之后的弘一法师，仍旧笼罩着艺术家的光环，从未舍弃过书法艺术。到了晚年，他对艺术的思考，早已不再拘泥于形式和技巧，而是达到了“艺境”和“禅境”相契合的境界。

时过境迁，弘一法师的见识不同以往，自然而然就打破了“非佛书不书，非佛语不语”的誓言。曾经的浅薄观点，迟早会被自己推翻，若是不愿意推翻，只会被诟病为“因循守旧”。

一时立誓，话说得太满，是很多人的通病。平日里，动辄就说出包揽一切、夸下海口的人，无疑是打肿脸充胖子。尤其是在生气、激动的时候，常常会口不择言，完全没意识到自己斩钉截铁说出的一句话，需要付出多大的代价。

世事没有绝对，不到最后一秒，你都无法断定结局究竟是什么。如果你把话说绝了，就是直接忽视了翻转的可能性，不给自己留任何回转的余地。等你办不到时，或是想要重新选择时，已经错失了机会，只能后悔莫及。

人生路上是要勇往直前，但并非自大到不留一线。不要把话说得太满，否则累的、苦的、遗憾的，都是自己。对于自己没有十足把握的事情，就谦虚地说话，才不至于陷入被动的境地。

清末时期有一起偷盗案，小偷给康熙帝的六世孙载泽上了一课。作为被派去出国考察中最年轻的五大臣之一，载泽去过英、法、美、日等多个国家。恰恰是这么一个阅历丰富的人，因为把话说得太满，闹出了笑话。

载泽有个御赐的玉扳指，他尤为喜爱，常常佩戴在手上。一天，他和同僚在六国餐厅用餐。同僚告诉他，京城的小偷最近很猖狂，手段高明，防不胜防。载泽不以为然，笑着说：“这些宵小之辈，也就偷偷穷苦人家，大门大户的门槛都过不了。”

同僚说：“您可谨慎着点，前几日，一位侍郎才被偷过。”

载泽自信地说："那是他没有防人之心，小偷要是那么厉害，把我手上这个扳指偷走，我就服气。"

几天后，德国公使举办茶会，载泽应邀赴会。其中有个身形魁梧的德国军官，主动与载泽寒暄握手，载泽便也热情地回应着。等军官远去，他才感觉不对劲，一看手上，扳指不知所踪。他连忙去问德国公使，询问那位军官的身份，却查无此人。

茶会结束后，载泽败兴而归，一眼瞧见在大厅坐着的同僚，他拿着扳指上前来对载泽说："刚才有人把这个扳指给了我，二话不说就离开了。"载泽恍然大悟：必是哪个不服气的小偷故意为之。

"小心驶得万年船"，即便对自己的境况了如指掌，也要记得谨小慎微。若盲目自大，麻烦就可能自己找上门来了。无论什么时候，都要言行低调，说话说七分，留三分。

会说话的人，一般不会直截了当地表明态度，他们会用巧妙迂回的话术，对别人的请求或意见做出间接、内敛的回应，避免最后不了了之的尴尬。若是必须做出承诺，也不要被情绪左右，不要仅凭美好的愿景和主观臆测，就说出超过自己能力的许诺。一时慷慨允诺，最后还是要自己扛起这份重担。

倒茶的时候，讲究"水倒七分满，壶里留三分"，这样沏出来的茶，香气悠远。说话亦是如此，人生短短数十载，把自己捧上天，或是将别人贬得一文不值，都会有难以预料的祸端。说话留有余量，人生才能从容不迫。

劝人改过，必先美其长

劝人改过，就一定是尖酸刻薄、幸灾乐祸、高高在上的吗？这般劝诫，只会损害听者的自尊心，无论谁听了，都会心生不满、嗤之以鼻。弘一法师说过："凡劝人不可遽指其过，必须先美其长。"在劝别人之前，先赞赏其长处，于人于己都体面。

劝说，可耿直劝谏，亦可欲抑先扬。善于劝谏的人，都不愿意直接指责他人的过失，让人丢面子，而是会先赞叹一番，让别人身心愉悦。此时再劝告，更为沁人肺腑。

福建晋江，曾有位叫杜培材的医生，在当地开了一家"安人诊疗所"。此人的医德远远不及他的技艺，他医术高明，但诊费非常昂贵，病人都颇有意见。

1941年，弘一法师到福建的福林寺修行。杜培材仰慕大师已久，早想求得笔墨，便前去拜谒，弘一法师亲自书写了一偈相赠。

次年初春，弘一法师得知了杜医生大敛钱财的事情，便将平时佛门收藏和供养的十余种名贵药材，托人赠给了杜培材，让他普施给穷苦病人。弘一法师还特意撰写了一联："安宁万邦，正需良药；人我一相，乃谓大慈。"

以此暗示杜医生要修养医德。杜医生收到后，满面羞愧，在回信中表示，效仿法师的慈悲心，身体力行，弘扬“关怀民瘼”的精神。

劝说，是为了长善救失。如果劝说者嫉恶如仇，把一个人批评得体无完肤，别人反而可能自暴自弃，甚至引发一场口舌之争，使两人水火不容。即使别人有心改过，也不愿轻易低头。若是因为自己劝说的某句话毁掉了别人的脾性、爱情甚至是人生，那就罪孽深重了。可见，劝服别人的时机和方式都很重要。

被劝诫的人，都会担心批评会不会让自己颜面扫地，会不会有损自身利益。因而在劝说一个人之前，我们要提前帮他打消这个顾虑。正所谓“人喜则言易入，怒则言难入”，把逆耳忠言说得委婉动人，让人主动放弃心理上的抵抗，这时候，批评更容易为人所接受。

智慧、修养并存的人，在劝人为善时，必是真心诚意、温和宽厚的。人非朽木，哪有不愿意长进的，况且华丽蜕变都需要一个循序渐进的过程。正因如此，眼下的缺失和不足，是可以容忍、体谅的。因而，劝说时情绪平缓、言辞婉约，先赞美他的过人之处，保护好别人的自尊心和上进心。

“精诚所至，金石为开”，被劝告的人必能感受到一片赞美、劝善的诚心，欢愉之余，也会感动于督促之宽厚，真心改过。赞美如暖阳，批评如骤雨，兼容并济，万物才能蓬勃生长。

劝人为善，先美其长，拿捏得当，气氛也是相当宽松和谐的。被劝告的人欢天喜地，才会“乐听”“悦纳”，说服效果显而易见地好。

赞美别人也是一门学问。赞美别人的长处，不是违心地夸大其词，也不是极端地拍马屁。如果赞美失了尺度，即使在批评之前大肆赞美，也无济于事。

有人说：“人类本质中最殷切的需求是渴望被肯定。”众人都希望能有人认同他们内在的价值。一些浅薄的赞美、不带任何感情的赞美，很难进入别人的内心。发自内心的赞美，让人如沐春风，让心与心的距离更近。另外，赞美一个人可用的理由太多了，我们不用随意编造、信手拈来一个。要找到别人身上的一个长处，既符合两人的讨论话题，又充分、恰当，尽可能具体入微。

赞美的力量是无穷的，可以鼓舞人心，让人甘之如饴，这时改过自新也就水到渠成了。劝人改过之前，懂得先赞美别人，如此得体、美好，于人于己都是一种艺术。

留余地，责善切戒尽言

《格言联璧》有言："处事须留余地，责善切戒尽言。"做任何事情，都要留有余地，劝勉别人，也不能把话说绝了。常言道，物极必反，要充分认识到人生的各种可能性，人生路才能越走越宽广。

立身处世，劝勉从善之言，没有绝对一说，否则有理也成了没理。具体来说，既不能将劝说之言当作绝对正确的教条，也不能将自己的想法强加到别人身上。责备劝说时，该说的，谨慎择言；不该说的，绝口不提。

刘质平留学日本期间，李叔同一直与他保持着书信联络，悉心给予学业、生活上的指引。

一次，刘质平为了报考东京音乐学校，就勤奋练习贝多芬钢琴曲。可贝多芬钢琴曲的难度太高，他越练越没有信心，因此十分担心自己表现不好，最终落榜，辜负李叔同的知遇之恩。

李叔同知晓了他的近况，便在回信中鼓励他，说越学越难，是因为发现自己的不足之处越来越多，这也是一种进步，可喜可贺！不应该因此烦忧才是。至于贝多芬钢琴曲，等刘质平练习得熟练了，就不用再刻苦练习了，因为足以应付考试了。考不考得中，顺其自然就好。

除了学业，李叔同还宽慰了刘质平的忧心，说“不佞与君交谊至厚”，刘质平实在不必因为这等小事情就感到抱歉。如果他因为没达到李叔同的期望而郁郁寡欢，生病或辍学了，才是真的辜负了李叔同。

面对学生的请教，李叔同的回应温暖而亲切，言语恳切而不唐突，如此劝说，尽显仁爱。

当别人倾诉烦恼和心声的时候，自己回话的分寸是很难把握好的。“责善”，点到为止最好，口无遮拦，只会适得其反。尤其是面对年长者、有所成就的人，自己喋喋不休也不过换来“聒噪”二字。俗语说：“人老奸，马老滑，兔子老了不好拿。”对于那些初出茅庐、稚气未脱的年轻人，“责善”过于严厉绝对，他们可能会因此垂头丧气，一蹶不振。与人相交，责善留三分，日后相见，也不至于尴尬。

韩非子在《说林》篇中写道，木雕初刻时，鼻子的轮廓要尽可能大一些，而眼睛的轮廓则要小一些，给后面精修留下操作的空间，否则就无计可施了。为人处世，也是这个道理，想要别人改过从善，就要一点一点纠正，留出余地，不然就会过犹不及。

《夷坚志》中有这样一则故事，传说在宋徽宗年间，有个叫费枢的人赶着进京。路遇一家旅店，见天色已晚，费枢便入店歇息。

半夜时分，女店主只身进入了费枢的房里，羞赧道：“我见客官风流雅致，愿与您享床第之欢，聊慰漫漫长夜。”

费枢面如土色，慌忙问她：“你家住哪里，为何半夜三更闯进我的房里？”

女店主答道：“家父在京中做丝绸生意，他把我嫁给了这家旅店主人的儿子为妻，可我丈夫早已亡故。我只能独自守着这家旅店，难忍孤苦，今夜冒大不韪，委身于您。”

费枢听完，十分同情，便温和地说：“我不趁人之危，绝不做非礼之事。但明日我进京，一定会拜访你的父亲，让他好生安置你。你可以过得更幸福的，请别再自损福德了。”女店主听完，羞愧难当，悄然离去了。

到了京城后，费枢专门找到了那家丝绸店，据实相告。店主感恩戴德，拱手致谢，还说：“神仙在梦里都告诉我了，说您是贵人呢！”即刻，他便派人去接女儿回家，后又觅得良婿。次年，费枢登科，官至大夫。

曾国藩曾说：“话不说尽有余地，事不做尽有余路，情不散尽有余韵。”劝人为善，言语有度，便蕴藏着无尽的含蓄之美，恰似满腔深情欲诉还留，让听者能产生情感共鸣，有更多自己的思考。

劝勉从善，不能因为一件错事就随意判定别人的品德好坏，不留一点余地。不必说的绝对不说，只需就事论事，简明扼要，不影响别人的心情，不浪费自己的时间。哪怕别人做了出格的事、说了难听的话，也切勿疾言厉色、态度冷硬。

一直揭短，尽数别人的过失，就如同撕下了别人最后一块遮羞布，这是不给别人留任何余地的行为。“责善”虽有“责”字，但不代表着劝勉就可以不留余地。不想让好意相劝变成口角之争，需要我们语气委婉，旁敲侧击。任何人身上都有可圈可点的地方，要宽容对待，正面引导。

《菜根谭》中说：“路径窄处，留一步与人行；滋味浓时，减三分让人食。”对人言辞绝厉，最终是会反噬自身的。今日劝善，给别人留下了余地，他日别人才能放你一马。句句留情，才有朋友，朋友多了，路才好走。

宁无友，不可交寻常之友

《周易》中说：“君子上交不谄，下交不渎。”《太子少傅箴》中，傅玄说：“近朱者赤，近墨者黑。”古人训诫，交友要亲贤远佞。与君子相交，见贤，自然能知己不足而思齐；与小人同行，不免受其蛊惑，自乱阵脚。

如鸟择良木而栖，人也会择君子相处。品德高尚的人，总会有很多人争相与之为伍。常人只道，花若盛开，蝴蝶自来，殊不知其他的虫蚁也会纷至沓来。很多寻常之友，数日内难辨品性高低，但日久方见人心，真正交友，不可凑合，宁缺毋滥。

李叔同在给刘质平的信中，称赞他谨言慎行，并叮嘱他“交友不可勉强，宁无友，不可交寻常之友”。在李叔同看来，寻常之友，不一定会损害自己的发展，但日常往来酬酢，还是要费心周旋，实在是浪费心力、时间。进一步说，这些寻常之友，刚开始十分亲切，但时日久了反倒生疏了，甚至会招来怨尤，还不如刚开始不交为好。

寻常朋友，不过是碰几次面，一起吃过几顿饭，一起赏过美景。即便当下相谈甚欢，心意相通，却也往往是表面相合。两人都不敢袒露心事，也不好意思互相麻烦，更别说托付生死了。寻常友谊似乎只能停留在好感上，承载不了生命的重量，如果有一方贸然进退，恐怕以后两人的友谊就如同一潭死水，慢慢发臭了。

“自净其心，有若光风霁月；他山之石，厥惟益友明师。”这是弘一法师悬于净峰寺客堂的一副对联，以勉励自己要静心守德，将“益友明师”视作他山之石，可以相交，亦能滋养自己的精神。

在净峰山下，有一座净慈小学，校长庄连福一心向善，是一位德行高洁的基督徒。庄连福听闻弘一法师到此讲律，就和一位传道人一起上山听法，却被李叔同的随侍传贯拦住了。

传贯以为信仰不同，弘一法师应该不会接纳他们。但弘一法师得知此事后，深感不安，亲手抄写了一本《华严经》，并手写了单条，特地让传贯一并带去学校，亲自向庄校长道歉。自此以后，每日下午一点半，庄校长都会带着一些基督徒上山来，听弘一法师讲经。

与人交友，年龄、等级、信仰等因素都很难决定一段友情的存亡，真正重要的是这个人是否值得深交。锦上添花的多半是寻常朋友，而精神契合、生死不离的朋友，才能一直相伴走下去。

朋友贵精不贵多，虽说多个朋友多条路，但朋友多了，是非也多。当一个人把自己沉浸在丰富繁杂的社交生活中，往往只能交一些酒肉朋友，得不偿失。

道光年间，曾国藩写了一封家书《致诸弟·讲读经史方法》。他以自身为例，告诫诸弟，交友当选天下豪杰，才能大开“见识学养之门”。

曾国藩总结出了一个“八交九不交”的交友原则，勉励世人。“八交”的对象分别是：比自己优秀的人、比自己品德高的人、有趣味的人、肯吃亏的人、直言不讳的人、志趣广大的人、体贴别人的人、能救人水火的人。而“九不交”则是：志不同道不合的人、冷嘲热讽的人、忘恩负义的人、好占便宜的人、没有主见的人、不孝不悌的人、愚弄别人的人、落井下石的人、德行浅薄的人。总而言之，品行端正、志趣相投的朋友，是可以继续深交的；德行有亏的人，是不值得交往的。

交朋友看重德行，选择的交际圈就是自己成长的环境。有人说，得益友则一生受益，得损友则贻害终身。同志向不凡、品格优秀的人做朋友，个人境界可以不断提升，正如“人以群分”，自己也会变得不同寻常。若是为了填补一时的空虚而滥交朋友，日久天长，自己也会丧失斗志，平平无奇。

交朋友切勿勉强，人生兜兜转转，我们总能遇到一两个知心好友。在人生顺遂时，这些知己能一起对酒当歌，在遭遇困难时，他们也会赴汤蹈火，这已经是人生大幸了。

正所谓“圈子不同，不必强融”，有些人的社交圈很小，他们不愿意把大量的时间都浪费在和寻常朋友一起吃喝玩乐上。他们把对朋友的需求，转化为自我的要求，静下心来，提升自己。当一个人变得足够优秀了，他的学识修养和人格就会吸引有志之士主动相交，与挚友齐头并进，这才是我们真正需要的良性友谊。

“老梅标致何潇洒，不与寻常草木同。”活得越聪明、越通透，交朋友越寻知己。呼朋引友，终将落寞散场，得三两个可以推心置腹、情同手足的挚友，足矣!

第七章

律己，常以戒为师

古人云：知足不辱，知止不殆，可以长久。

知止是一种人生智慧，

我们只有认识到过分的欲望追求带来的后果并及时反省自己的行为，

懂得知足于内、知止于外，

才能获得精神上长久的富足和安乐。

懂得尊重自己，万万不可轻率妄行

《论语》有言：“君子不重则不威。”自尊自重，是活着最美的姿态。有人说，山自重，不失其威峻；人贵自重，不失尊严。白云苍狗，世态浮华，不轻率妄行，懂得尊重自己，方能一尘不染。

1936年，南普陀寺佛教养正院已经开办一年多了，弘一法师此时正在南普陀寺中修行。在动身去鼓浪屿日光寺前，弘一法师特意选在了正月开学日，在养正院中开示。

《弘一大师遗教选读》中记录了弘一法师开示所言，其中，他谈到了“自尊”，他认为自尊便是自己尊重自己，“要想人家尊重自己，必须从自己尊重自己做起”。随后，他还告诉众人，要尊重自己，就应当增进自己的“德业”，以一位伟人自居，时刻想着要做一个了不起的人。李叔同还特别强调了“依佛出家”的人，剃发、披袈裟只是外在形式，若要担得起众生礼拜，就当尊重自己，“万万不可随便了”。

自入空门，弘一法师便谨守僧人戒律，一言一行都做到自尊、自重。每日，他拂晓起身，冷水净身，日暮而寝。即便抱病在身，他也不曾放在心上。他常说，僧人在清净之地修行，也勿忘世人皆苦，故而僧人要严守更高的道德标准。一次，他卧病在床，好友前来问候，他却说："莫要问我病好了没有，你应当问我佛经念好了没。"

还有一次，杭州一位名士邀请弘一法师一聚。西湖边有一家素菜店，等到众人都到齐了，已经过了下午一点钟。大家都饥肠辘辘，拿起筷子就吃了。唯有弘一法师一动不动，端坐如初。友人问他为何不吃，他答道："律宗人也，过午不食，各位居士请便。"

自尊，并不是简单地保护好自己的尊严、脸面，而是为人尊己，成为真正的自己。世间有很多人，没有真正做到独立思考，枉顾内心，常常为别人的看法所左右，好似活成了别人的影子。人人都希望得到别人的尊重，却不知道要先尊重最真实的自己。

有人曾说："与其在别人的生活里跑龙套，不如精彩做自己。"每个人在生理、心理上终究都是一个个体，最真切强烈的情绪，只有自己能够感知。旁人的想法和对自己的评价，都是无关紧要的，我们应当比旁人更懂得尊重、保护真我。尊重自己的内心，认同自己的身份、角色，按照自己的意愿而活着，这才是真正尊重自己。

一个人，最难放下的便是自尊，最难丢掉的便是傲骨。一旦失去自我，轻率地去迎合、讨好别人，就相当于放弃了自己。低声下气，伏小做低，只会让别人更加嫌弃你，甚至会渐渐疏远你。所谓"水往低处流，人往高处走"，抬起头颅，尊重自己的需求、观点，捍卫尊严，懂得尊重自己，才能为人欣赏、敬仰。

贞观年间，禅宗第四祖道信大师，在东山黄梅寺住了三十多年。唐太宗慕其佛性禅心，特遣侍者迎请道信大师进京。

侍者跋山涉水，终于到了黄梅寺，恭敬地传达了皇帝的旨意。道信大师听罢，即刻婉拒："劳烦你替我回谢皇上盛情，我避世绝俗已久，不愿再入繁华尘世了。"

侍者无功而返，但唐太宗仍不死心，复派使臣前去。道信大师体谅使者不易，便让使者传话，说自己生了病，不能远行。请了两次都没请到，唐太宗自觉颜面有失，非常不悦，这回专门派了轿辇去接。果不其然，道信大师还是推辞了。

唐太宗勃然大怒，愤然威胁说："道信大师若还是不来，就取他首级来复命！"

道信大师仍旧不为所动，反倒伸颈就刀，使者惊慌失色，连忙把刀甩到地上，连连道歉。太宗得知后，肃然起敬，赏赐了珍贵衣帛，不再扰其清修。

一位手无寸铁的出家人，何来的勇气再三拒绝皇帝呢？自尊者，方能自强。强者，威武不能屈，富贵不能淫，不会违背自己的本心，这便是尊重自己。

尊重自己，便是在取悦自己。各种诱惑当前，比如金钱、权力、感情等，自尊者仍旧能知道内心想做什么，该做什么，因此不会一失足成千古恨。切记不要去讨好他人，尊重自己的交友、爱情、事业需求，洞察诱惑背后的陷阱。自尊、自重、自爱，会让自己变得更有价值和尊严。

无论境遇如何，不可轻率妄行，只当敬重自己。自爱者才能爱人；不懂得尊重自己的人，只能卑微地活着。

自知之明是最难得的智慧

哲人有言，天上繁星可数，但自己脸上的污垢却看不见。比看透事物还难的，是看清自己。自知之明，是认识自己、剖析自己、探索心灵的起点。“人贵有自知之明”，能够自知，才能够活得明明白白。

能够自知，比任何才能都更为罕见、珍贵，它代表着一个人的智慧境界。自知之明，离不开谦逊的态度。为人谦逊者，才能静下心来审视自己、探究自己的真面貌，虚心接受自己的长处和短处。

南怀瑾曾说：“修行不是为了遇见佛，是为了遇见你自己。”李叔同在出家前，就慢慢体悟到心中的佛性了。他能够放下一切荣耀，从容地遁入空门，纯粹是处于自知的自觉自愿。

《题陈师曾画<荷花小幅>》一诗中，弘一法师揭开了笼罩在本心上的最后一层薄纱，“一花一叶，孤芳致洁。昏波不染，成就慧业。”此时，他依然明了自己的向佛之心，不愿落入凡尘，沾染污浊。

在佛23年，弘一法师一直在琢磨自己，尝试与心灵进行深入交流。在沉香缭绕、庄严宝相的寺庙中，他博览经书，一遍遍重新认识自己。在写信给刘质平时，他说：“不佞以世寿不永，又以无始以来，罪业之深，故不得不赶紧修行。”黄卷青灯、不食烟火，李叔同找到了心灵的寄托，也甘之如饴。

弥留之际，弘一法师对妙莲法师说，若是他在别人助念时，眼角有泪，这并非是留恋人间，害怕死去，也不是挂念生者，不忍离开，而是在回忆他的一生。终其一生，李叔同留下了绝笔“悲欣交集”。何为悲，何为欣？众说纷纭，恐怕只有李叔同自己才明白透彻吧。

李叔同的人生早就走过了物质、艺术的层次，停留在宗教层面上。他常年安身于此，无怨无悔，皆是因为他的人生与心中愿景高度重合，自知的最高境界也大抵如此了。

老子在《道德经》中有言：“知人者智，自知者明。”人虽生下来就有两只眼睛，看得见四周万物，却独独瞧不见自己的面目身后，看不到自己的过失、缺陷，为人处世的格局就小了。任何场合，能清醒认识自己的，都是不可多得的人才。

做事尽力而为、敢于冒险，确实值得钦佩，但我们还是要考虑到自身的能力，量力而行。“没有金刚钻，不揽瓷器活”说的就是这个道理。神通广大是神话，每个人的能力都是有限的。承认自己的不足，恰是在尊重未知，如此才能不断拓宽我们知识的边界。自知而不冒险，不做超越自己能力范畴的事情，实事求是，接纳真实的自我，并完善自身，才是真的聪慧。

《太平广记》中有这样两个小故事。一位监察御史，为人尤爱写文章，但文笔不好。可他掌追究弹劾之权，所以每当他分享自己的文章，众臣争相奉承。他也非常开心，常常拿出自己的俸禄请客。御史夫人便劝他：“你文采一般，他们那么吹捧你，你还当真了啊！”御史一琢磨，后悔自己一时骄傲，没了自知之明。从此以后，无论别人如何夸赞，他都一笑置之，反而声名好了起来。

还有一位大臣，作诗难登大雅之堂，别人刻意褒扬反讽他，他却不自知，还要好酒好肉款待人家。他家的夫人知道后，哭着劝他。不想这位大臣竟然感慨："才华不为妻子所容啊！"倒成了一桩笑话。

接触的人越多，虚与委蛇的话就越多。不懂得自知的人，就信以为真，徒增笑耳。有自知之明的人会冷静下来，考虑说话者的目的、言语环境，并正确地分析。

自以为是的人，永远保留着身上的不足之处；自以为聪明的人，始终看不透事物的本质。才智不足的项羽，刚愎自用，最后落得乌江自刎；自知才智不足的刘备，三顾茅庐，终得足智多谋的诸葛亮潜心辅佐。有自知之明，其实是在尊重自己的生命。

"不识庐山真面目，只缘身在此山中。"要想有自知之明，就要跳出自身，以旁观者的角度，客观地认识自己。鲁迅先生就曾说过，他常常"严格地解剖自己"。不盲目自矜，也不妄自菲薄，懂得尺有所长，寸有所短，扬长避短，做适合自己的事情，才能获得大家的认可与敬重。

《吕氏春秋》有言："败莫败于不自知。"认为自己无所不知、无所不能，才是最大的笑话。自知"不知"是最高境界的"知"。自知之明，如一味清火去毒的良药，将谦逊、自省、自强溶于其中，激发出我们体内最大的潜力。

待己者，当于无过中求有过

“待己当从无过中求有过，待人当于有过中求无过。”这句话出自李叔同常读的《格言联璧》一书。严于律己，要严格到从没有过失中找到过失，不断责求，才能精益求精。

《菜根谭》也说，平时要求、责问自己，也当像自己有过失一般，才会德业有进。弘一法师在编写《格言别录》时，对此也做了参悟，用要求别人的准则来要求自己，则“寡过”，对待自己，更要无过中求过，“非独进德，亦且免患”。

在浙江省两级师范学校（浙江一师）任教的时候，李叔同与舍监夏丏尊关系亲密。当时，有位学生的财物在宿舍里被偷了，可又没有证据，难以解决。

夏丏尊不禁在李叔同的耳边嘟囔：“这舍监真不好当啊！”

“这不是你自告奋勇上任的吗？”李叔同开玩笑道。

夏丏尊连连摇头，苦笑：“我不当，也没人当啊。日前有个学生财物丢了，身为舍监，却无能为力啊，虽然责任在身，却不知怎么是好。”

“你肯自杀吗？”李叔同语出惊人。见夏丏尊一脸茫然，他便接着说：“你且张贴一张通告，让做贼者三日内来自首。三日后，不见人自首，舍监教育有失，发誓以死殉职，以振纲纪。如果你敢如此，必能震人心魄，肯定会有人来自首的。”

夏丏尊追问道：“那要真没人来自首呢？”

“君子一言，驷马难追。若没人自首，话也要有效力，非你自杀不可了。”见李叔同言之凿凿，仿佛换作是他，便真的会这样做。夏丏尊自愧不如，但他没有李叔同的底气，便将“自杀”换作“绝食”。不到三日，偷盗的学生就来自首了。

曾有高僧说：“凡夫无过，圣人过多。”凡人只知他人之过、自己之错，却很难看到自己身上的陋习与缺陷。而目光如炬的李叔同，从学生偷盗犯的错，联想到为师者躬自反思，主动揽下罪责，力求补足自身的不足之处。能在平常情形中发现自身的过失，可见观察力和洞察力非同一般。

《论语》中有言：“躬自厚而薄责于人，则远怨矣。”在自身无过之中求有过的人，与别人相处，会十分和谐。因为他们会包容别人的过失，推人及己，把精力都用于发现、弥补自身的不足之上。而且《了凡四训》也说过，天天发现自己的过失，天天改正，三年就能成为一位圣贤人。暗自深思，搜求己过，让自己日臻完善，这才是“于无过中求有过”的受用之处。

看清别人难，认识自己更难，在认识自己中，认识到自己的缺点可谓是难上加难。正因为有难度，能做到的人才是佼佼者。唐代一位诗人就曾说过：“化人可以程限之，自化元须有其志。”光有洞察力还不够，还需要有顽强的意志力，时刻监督自己，严格对待自己，才能时时反省，日日改过。

宋朝时，每有楼阁台榭建成，常会请德高望重的名士题词写文记载。北宋名相韩琦在任职相州时建造了一座庭院。落成后，他修书给自己的好朋友欧阳修，请他赐文，并叮嘱他尽快完成，想在重阳节前镌刻于堂上。

欧阳修收到信后，闭门谢客，潜心创作。文采出众的他，认真快速地写完了《昼锦堂记》。以往写完文章，他都会反复商酌，确保无虞。可此次时间紧张，他读完了一遍，觉文辞俱佳，便交给了小厮，送至韩琦府上。

临睡前，欧阳修把白天写的文章拿出来，逐字逐句地品诵。读到“仕官至将相，锦衣归故乡”时，欧阳修顿住了，虽词句通顺、意思正确，但读来不连贯。于是他加上两个“而”字，成了“仕官而至将相，锦衣而归故乡”，如此一来，意韵流畅了不少。

斟酌完以后，欧阳修记起好友嘱托，便命家丁快马加鞭，前往相州，成就了一段美谈。

对于自己的言行、处事，须日日检查；一日不查，日后就难以发现，等到补救之时，就成了顽固恶疾了。事事检点、日日自省，严格要求自己，方能敬德修业。

经常自省，只是停留在认识的层面上，发现自己有过之后，也需有所行动，才能渐改陋习。韩愈称赞古时君子“责己也重以周”，如果我们能达到这样的境界，抨击自己的不足，真心“悔缺”，并想方设法纠正，彻底地执行，才会有所突破。

凡事都能悟出自己的不足，是一个人高境界的修养。一个人的丰功伟绩，是建立在刻责己过之上的。当心灵和肉体都接受了一遍遍的洗涤，我们才能迎来与日俱新的自己。

喜闻人过，不若喜闻己过

听闻别人犯错就笑得前仰后合的人，在生活中比比皆是。《格言联璧》有言："喜闻人过，不若喜闻己过。"但大多数人一听到别人指出自己的错误，往往会气急败坏。闻过而怒，这是故步自封；能欣然接纳别人的批评，是一种胸襟，亦是一种品格。

当一群人聚在一起贬损别人的时候，也会有其他人在贬损这群人，这种建立在批判他人之上的快感是虚无的。在《论语》中，孔子就曾批评正在议论别人的子贡，说自己是没有闲暇说三道四的。真正的贤者，是喜欢听到批评自己过失的言语。

曾有弟子去问正在修行的弘一法师："法师，为何您看见别人犯了错，会有不同的做法呢？"弘一法师对自己的亲近之人，如夏丏尊、丰子恺等人，都会直言不讳，坦诚批评；对同门、尚礼之人，都是点到即止；还有些人犯了错，弘一法师则不言不语，更为礼待。

弘一法师娓娓道来：有些人被批评了，他知道这是为他好，他乐意听，也愿意改正；另外一些人呢，我们把话说一半留一半，他还能有所顿悟，我们说多了，他就厌烦了；至于剩下的人，错把好言当作恶语，只会觉得自己颜面扫地，甚至怒不可遏。

喜欢听到别人批评的人，都有极高的悟性，他们懂得“旁观者清”的道理，知道听取别人的意见就是在修正自己的缺陷。

闻过则喜，向来是古人所推崇的处世之道。常人是闻誉而乐、闻过则烦，但我们要达到更高的境界必须改变这种观念。孟子曾称赞过孔子的弟子子路，说他“人告之以有过，则喜”，不怕别人指出自己的错误，有错能改，善莫大焉。听到别人指出自己的不当之处，有则改之，无则加勉，总是利大于弊的。

《增广贤文》中说：“道吾恶者是吾师。”《弟子规》中说：“闻誉恐，闻过欣，直谅士，渐相亲。”《围炉夜话》中说，“凡事肯规我之过者”才是真正的益友。所谓爱之深、责之切，敢直接给自己提出意见的人，是良师益友。若是我们闻过而怒，岂不是浪费了别人的一片好心！那我们身边的良师益友就会越来越少，越来越多的损友只会损害自己。接受别人的指点，择善人同行，择善言而听，则能从善如流。

春秋时期，齐国丞相晏子大名鼎鼎，为人处世十分精明。他的手下有一位同样谨慎的言官高缭，三年来从未指出晏子的过错，但晏子却把高缭辞退了。

随从规劝晏子，说：“高缭侍奉您三年有余，您却驱逐了他，这是违背道义的啊。”

晏子摇了摇头，坚定地说：“我身上有很多毛病和缺点，只能通过各方劝谏才能精进，才能当好一国丞相。可高缭侍奉我三年之久，看见了我的过错，却只字未提。他既然不能说出来，那我只能另觅他人了啊。”

在晏子看来，指出上官的过错，是一种责任。同时，被批评的人也要尽到自己的责任，将别人的指正听进去，由衷地感谢，真诚地悔过。

宋朝政治家王安石曾说过：“不闻其过，最患之大者。”别人的批评就是一剂良药，听到别人的批评，吸取其中的精华，就能避免不少祸患。因此，自省思过之余，广开言路，认识别人眼中的自己，也不失为一件趣事。

一位哲学家曾说，从别人的诤言中看到光明，比从自己的理解力、判断力中发现的光亮，更纯粹、干净。批评自有批评的缘由，很少有人会无中生有、凭空捏造出“罪状”来诬陷另一个人。当你身边的批评声越来越少，不一定证明你有多好，可能是因为你的态度有问题。长者的教育、朋友的意见、小辈的直言，你都不屑一顾，到头来，别人只会觉得你是朽木不可雕，不抱任何希望，完全放任你了。

俗话说，严是爱，宽是害，纵容是毁坏。批评只是一种让我们变得更优秀的手段。想一想别人悔不当初的模样，想一想自己不听劝的严重后果，就能虚心承受住别人的“正义之拳”了。陈毅元帅在《六十三岁生日述怀》中写道：“一喜有错误，痛改便光明；二喜得帮助，周围是友情；难得是诤友，当面敢批评。”虽然被人揭开自己的伤疤，很难忍受，但只要别人批评得有理有据，我们就要诚心诚意地接受、喜笑颜开地改正。

古往今来，能成大业者，“其从谏也，犹水之就下”，我们也应当有如此宽广的胸怀，有这般从善如流的勇气。喜闻人过，不若喜闻己过，打开自己的格局，言者无罪，闻者相悦，则皆大欢喜。

直面不足，不掩饰自己的过错

孔子的弟子子夏说过，小人犯错，必会文过饰非，但君子犯了错，就如日食、月食一般光明正大。在李叔同看来，掩饰自己的过错，是最可耻的事。犯错后，一心想着掩盖，不敢坦然面对，怎会痛定思痛、顿改前非呢?

1922年正月初三，万物迎新，俞氏却气数已尽，享年45岁。她这一生，痴爱不得，千万个日夜里，她都默默盼着李叔同的归来。

在之前李叔同回天津养病的日子里，俞氏照顾左右。看着她容颜已老，两个孩子日渐长大，李叔同也是愧对发妻的。也许是这份愧疚和怜悯，让他逃回了日本，不敢再面对这个无私奉献了一生的女人。

李叔同在出家之前，将自己的打算告诉了日本妻子，并替她谋了退路，为她留下了房子、钱财和一封信。出家后，两人还见了一面，作别。而发妻俞氏，什么也没得到，就连李叔同出家的消息，她也是从信中得知的。这种不予交代，连世俗人都觉得是一种残忍，何况曾经的枕边人。

俞氏去世的时候，身边只有两个孩子。李家派人去杭州送报丧的书信，此时的弘一法师正在庆福寺编写《四分律比丘戒相表记》。这封信到底激起了多大的涟漪呢？修行八年的弘一法师终于鼓起了勇气回津，在正月底，他写信请示师父寂山法师："属弟子返津一次，但现在变乱未宁，弟子拟缓数月，再定行期，一时未能动身也。"

这次的变乱，正值铁路工人大罢工，杭州至天津的铁路不通。天意弄人，弘一法师还是没有回去，又重新编写著作了。俞氏勤恳一生，伺候婆母，绵延子嗣，临终也没得到李叔同的一声交代。

弘一法师自觉辜负了发妻，心中的愧疚应是只增不减的。次年，侄子李麟玉来看望他时，弘一法师终究说出了心里话："出家前没和她商量，实在是对不起她。"虽然为时已晚，但弘一法师还是直面了自己曾犯下的罪过，说出来的那一刻，就是认错了。

即使一个人恪守本分，希望能少犯错，但还是免不了会犯错。一个人对待错误的态度，决定了他能达到的人生高度。《传习录》中，王阳明认为，如果把精力都放在过错上，就像是在修补破了的饭甑，"其流必归于文过"，最终就是文过饰非，为自己开脱。但只有承认了自己的过失和不足，才能痛下功夫，改变自己。正如陆九渊在《与傅全美》里所说："闻过则喜，知过不讳，改过不惮。"敢于袒露、勇于改正，为人处世才能愈加清明磊落。

所谓知过不讳，指对待自己的过失、错误，应当毫不避讳。和讳疾忌医一个道理，对自己的不足讳莫如深，只会让不足在掩盖中搁置和不断恶化，直到无力掩盖。糊涂的人有错就瞒，聪明的人知错就改。《了凡四训》认为，面对过错，有羞耻心就能启发人智，再生出敬畏之心、勇猛之志，就能改正了。可见，有羞耻心，反倒是弃恶从善的一个契机。

《世说新语》中有一个"周处除三害"的故事。年少的周处蛮横暴躁，村里人将他与山中猛虎、水里蛟龙并称为"三害"。

一日，他瞧见村里的几位老人家愁眉苦脸。周处不禁好奇，老人家说："那白额虎，常来村里糟蹋人畜，那蛟龙兴风作浪，村中还有一恶霸，我们是敢怒不敢言啊。"周处一听，心血来潮，拍着胸脯说："我来替天行道！"

周处带上刀箭，先去了深林，与猛虎搏斗了几个回合，一剑封喉。他又行至长桥，蛟龙刚一探头，他便骑在了蛟龙背上，一起消失在了水下。三天三夜过去了，村里人见蛟龙和周处都不见踪影，以为三害尽除，便互相庆贺。

周处回到村里时，看见了这幅景象，才知晓自己也是三害之一。他痛下决心，悔过自新，一改脾性，时刻要求自己忠实厚道，善待村民。后来，他成为吴国的东观右丞、无难都督，东吴灭亡后，又出仕西晋。

小人善于粉饰自己的过错，无论大小，他们都会视而不见。如果被别人察觉了，他们还能面不改色地找出各种借口，殊不知欲盖弥彰，这种逃避、怯懦的态度，只会遭人唾弃。能直面自己的不足，有错便认，虚心改过，才是坦荡君子。

勿以无错掩盖小错，勿以小错掩盖大错。犯了错，担心自己承担不了这份责任，担心受到各种责罚，便尽力回避、极力掩盖，这就是错上加错。把过失和错误看作“疾病”，越早就医，越早痊愈。敢于面对各种不足，才能找到合适的办法来补救。

历史上不乏知过不讳、直面不足的贤者。春秋时期的齐威王奖赏“能面刺寡人之过者”，古今称道。积极面对自己的过错，不仅能减少隐患，还能挽回一个人的形象。愿意正视自身问题并敢于改错的人，何人不喜?

什么是修身？“改身之过，迁身之善”，我们要改过，就需要直面不足，保持谦和，懂得忏悔，一点一滴地提高自己的修养。

常常失败，常常悟

李叔同在评价自己时，说他的性情十分特别，他只希望他的事情失败，因为事情失败、不完满，才会让他心生惭愧。这样他能够知晓自己的德行欠缺、自己的修善不足，他才可努力用功，努力改过向善。

如果每做一件事情都完美无缺，一个人就会骄傲自满，不屑于拼搏奋斗。成功有成功的乐趣，失败有失败的好处。所谓失败是成功之母，正视失败，我们才能从中领悟到新知识，寻思进取，不断完善自身。经历失败，从缺陷中顿悟，我们才能有新的人生起点。

弘一法师本打算在净峰终老，但原寺主去了他处，白跑了一趟。他道是“缘尽”，决定回到泉州的草庵独居。临行前，他特留笔墨《将去净峰留题》：“我到为植种，我行花未开。岂无佳色在？留待后人来。”短短四句，诉清了缘起缘灭，虽然弘一法师未见花开，但后人可赏佳色，也是一番圆满了，人生恬淡可见一斑。

人生如茶，人生中的风风雨雨就如同泡茶的水。未经历过大风大雨，就与温水泡茶一样，浸泡不出茶叶的芳香。沸水沏茶，几度浮沉，清香自来，这便是沐雨栉风的人生。

不知不觉间，失败就敲开了我们的心门。一个人只有时常体悟自身，总结其中的教训，才能步步为营，踏着失败走向彼岸。

《在家律要之开示》是弘一法师为不谙律制的人所著，这本书中，他列举了诸多事例，悉心细致地指导读者。其中有一条律法为："明知违背法律而故犯之事，如信中夹寄钞票，与手写函件取巧掩藏当印刷物寄，均犯盗税之罪。"

不巧的是，一位名叫义俊的人，给弘一法师寄了一封手写的信件，但他却当作印刷品寄来了。结果，弘一法师触犯了法条，被罚款四角五分。后来，弘一法师致信性常法师，谈及此事，说他是"无辜而被罚"，烦请法师转告义俊，若是写信之人明知故犯，也是犯了偷税罪的。

自此，弘一法师便格外注意这种违戒犯法的事。他曾多次在信中，提醒友人防范未然。1940年时，他给丁葆青写信时，详谈了贴邮票的注意事项，如寻常信札贴五分邮票、明信片贴二分半的邮票等，还特别让他"以后幸注意，为要"。

一次不慎，便能时刻铭记，并提醒众人，可见弘一法师"常常悟"的严谨之风。

常常成功，容易让一个人永远停留在最得心应手的层面上。失败的次数多了，我们能看透的也就多了。为何会失败，有时是由于外因，有时也是因为自己才能不及。在我们还没有意识到问题所在时，一件事情的失败恰恰是在指明方向。昨日的种种失败，催生明日的种种新生，这才是常常失败常常悟。

掉进路上的陷阱，有人能攀援而上，有人却只能在底下暗自哭泣，这不仅仅是能力的差异，也是心境的差异。一次失败也好，常常失败也罢，这些都是我们体会人生的时刻。如果碍于自尊、迫于压力、出于胆怯，任由所有的失败埋没在过往，随之埋没的将是自己。只有从中领悟、收获，才有机会成功。

明朝心学的集大成者王阳明，一生中最重要的明悟，就是在大起大落之间产生的。

当年，王阳明上书奏谏，触怒了当时大权在握的大太监刘瑾，被贬至贵州龙场。在被贬路上，他还遭到追杀，被迫跳水才躲过一劫。王阳明年谱中曾记载，被贬之地“处于万山丛棘之中，蛇虺魍魉，蛊毒瘴疠……可通语者，皆中土亡命”。这恶劣的自然环境，本就是生死难关。

到了龙场，王阳明居无定所，睡过山洞，他的衣食用度，全要靠自己的双手创造出来。虽是一介书生，他还是赴任了龙场驿栈驿丞，并开化民智，受人爱戴。

落魄至此，王阳明仍能潜心研究经典，将自己置身于天地之间，悟出了“心即理”等重要的心学思想。此时的他，完全超然物外，荣辱生死全然不顾，才悟出了“知行合一”“致良知”的道理。这就是著名的“龙场悟道”。

人在遭遇重大变故、经历常人难以承受的失败时，便到了“一念成佛，一念成魔”的临界点了。如果能不为恶劣环境和个人安危所困，就能达到一个新的境界。

水有碧波浩渺，亦有汹涌旋涡；山有层峦叠嶂，亦有万物荣枯。人生有巅峰时刻，就会有低谷，失败常常只是其中的一种经历。哀叹自己的失败，就还会有下一次的失败。唯有从失败中，学会积极地归因，才能对症下药，逐渐领悟到生而为人的真谛。

忏悔是净化心灵的力量

六祖惠能大师曾说：“但向心中除罪缘，各自性中真忏悔。”一个人坦诚吐露自己所犯的罪孽，真心悔过，决计不复再犯，这便是忏悔。弘一法师的《改过实验谈》中，提出了“发露陈谢，忏悔前愆”改过迁善之法。忏悔，能净化心灵中的污秽，能唤醒心中沉睡的良知。

想要认清自我，洞悉人生，就离不开忏悔。承认自己的罪过为忏，引以为鉴、绝不重蹈覆辙为悔。哪怕曾经铸成大错，只要能够回头忏悔，幡然醒悟，就不枉此生了。大德曾讲过，所有修行法的本质，都是忏悔法。人生亦是一场修行，可漫漫人生，用来忏悔的时日又有多少呢？

母亲王氏逝世之时，应是李叔同初次萌发忏悔之心的时日。他在《改习惯》中说过，“余于三十岁时，即觉知自己恶习惯太重。”这以后，他不再流连于声色场合，转而求学报国。虽然他后半生在艺术、教育、佛学领域毫无保留地奉献了自我，但心中因为自己曾寄情声色、荒诞度日而产生的愧悔，只增无减。

弘一法师在厦门妙释寺开示的时候，强调了忏悔之道，“万不可顾惜体面，隐忍不言，自诳自欺。”后来，他依据《有部律》，写下了十余篇忏悔法门，成就《南山律在家备览》中的忏悔篇。

其中有一忏悔法门为“礼忏”，即向佛忏悔自己的罪过。弘一法师认为，若是自己不明忏悔的本意，或是没有忏悔的诚意，即便铺张让出家人来做法事，也是毫无意义的。作礼、心念、口言、长跪如此种种，都只是礼忏的外在形式。唯有以心礼忏悔，才能得到真正的安乐。

《南闽十年之梦影》《最后之忏悔》等讲谈，都是弘一法师不断回顾自省、发露罪业的忏悔。出家以后的弘一法师“自愧恶习太重”，战战兢兢，不敢有一丝松懈，努力痛改前非。

常道是“世上没有后悔药，人生没有回头路”，却不知忏悔这一良方，救了多少“戴罪之身”。佛教经典将佛陀喻为医师，那忏悔便是一剂针药。我们是自己心灵的医生，发露忏悔，才能切除身体里的“恶瘤”，恢复健康。故而说，忏悔能洗净我们的身心。

一个人犯了罪业，就会担惊受怕，坐立难安。要从这种躁动烦扰中找到安定，就需要静心忏悔，彻底断绝恶念。忏悔，就是在改过自新，教人一心向善。《易经》有言：“屦校灭趾，无咎。”常常反省、忏悔，人的过失就会越来越少，心中自有一片净土。忏悔在我们的心中可以产生巨大的能量，让一个人重获新生，重寻光明。

《警世通言》中有一故事，耐人寻味。元朝有个富商施济，携妻儿上香时，路遇昔日同窗桂富五，他因倾家荡产想要跳河自尽。施济当即借给他三百两银子，桂富五感激涕零，跪在佛前：“今生不报今日之恩，来生愿做犬马相报。”

随后，桂家还住进了施济家的桑枣园，两家人指腹为婚。在桑枣园的一棵银杏树下，桂氏夫妻挖出了一千五百两银子，但二人只字未提。

后来，施济过世，施家也因济世救人而亏空了。施还母子欲找桂家帮衬。结果靠施家发迹的桂家嫌弃施家“为仁不富”，扔出二十两银子，草草打发了他们。施母受气而亡，施还为了安葬母亲，只能卖掉祖宅，结果发现了祖父遗留的账本。施还对照账本，挖出了埋藏在各处的数万银子，独独桑枣园中的不见了。

施还重振祖业，但此时的桂家已然衰败，大儿子被打死了，二儿子因为赌博丧了命，桂妻也郁郁而终。临终前，桂妻说，施君之恩未报，佛祖让我们母子三人托生为施家之犬。

桂富五悔恨不已，卖掉田产，带着女儿找到施家，果真看到了三只狗。他跪在地上，让施还纳女儿为妾，消散罪业。此后，桂富五日日在一座佛堂忏悔，吃斋念佛，诚心改过，得享高寿。

向佛祖忏悔，一个人的罪业，并不能真正消解。只有忏悔者真心悔过，深刻反省，弃恶从善，才能重拾纯净的心灵。

一时的罪过，若是深藏心底，从未思过，他日必将带我们坠入无尽深渊。有人说，忏悔应当“忏其前意，悔其后过”。忏悔不是追悔，过去的错误就留在过去，别把“对不起”日日挂在嘴边，而自己却没有任何改过的行为。真正的忏悔，是自我坦白、承担，是警觉、不再犯，是过往不究、未来可期。

不要将自己的忏悔归因于外，期待别人的改变，这和祈祷自己能摆脱外界的指责别无二致。忏悔应当是对内的，在忏悔的时候，可以谴责自己过往的失德，可以唤回自己丢失的良知。让忏悔引燃我们心中的火种，驱散人生路上的黑暗。

《金刚三昧经》中言：“若失本心，即当忏悔，忏悔之法，是为清凉。”凭本心诚意地忏悔、觉悟，去除杂念，日复一日，扫清心中的罪业，可得内心清凉。

第八章

惜福，世间没有不好的东西

古话说：井涸而后知水之可贵，病而后知健康之可贵，

兵燹而后知清平之可贵，失业而后知行业之可贵。

凡一切幸福之事，均过去方知。

然而，幸福之事过后方知，除了徒增悔恨与追忆外，于事何补?

我们何不珍惜现在，如果能一念知足，

约束个人无止境的欲望，当下娑婆即是乐土。

享受琐碎艰苦的日常，就是福气

人的一生，注定不会平坦无波，可除却那些大是大非、大喜大悲，我们生活中更多经历的是琐碎而又艰苦的日常。把这样的日常当作快乐，从琐碎艰苦中品味出乐趣来，体现的便是一种积极的人生态度，是每个人都应该追求的一种心境，是一种以苦为乐的人生境界。能够享受日常中的烦琐与艰难，便是福气。

这样琐碎艰苦里的福气，在李叔同看来颇为珍贵，也最值得珍惜。

弘一法师出家后云游四海，并不在一个地方长住。一次，弘一法师暂住宁波七塔寺，承他的好友夏丏尊接待，被安排在春社住下。李夏二人许久未见，夏丏尊与老友叙旧，见他一举一动俱是修行。

弘一法师的席子边角残破，甚至已有小的地方断筋漏洞，他却珍而重之地将其铺在床上，耐心捋平，又拿出一块破旧不堪的旧毛巾，从容地打水洗脸。夏丏尊说要拿新的毛巾来，弘一法师却一再推辞，并说自己的破毛巾无甚大碍，还可用。

寺中贫苦，招待弘一法师的饭菜便只有大白菜这样的家常素菜，但弘一法师却吃得很开心，仿佛是在品尝什么珍馐。夏丏尊颇受震撼。

弘一法师总是说，这世界上的东西，没有什么是不好的。破陋的席子是好的，破旧的毛巾是好的，咸而发苦的白菜也是好的。弘一法师将琐碎艰苦的日常生活过成了修行的艺术。别人以为他在受苦，可在他的心里，自己其实是在享受。别人口中的美味，或许还不如自己口中的白菜。对于自己所经历的一切，能够掌握真实，不被世俗的看法所左右，认真对待，完全领受，才叫真正的享乐。

苏轼是享誉古今中外的大文学家，他的文学成就极高，但在仕途经济上，却屡次被贬。虽政治理想不能实现，但他并没有伤春悲秋，暗自消沉，反而是对生活充满了热情，即便被贬到苦寒之地，他也依旧过得潇洒乐观。

苏轼被贬到黄州的时候，担任的是黄州团练副使。此是虚职，没有实权。职场艰难，生活艰辛，但苏轼却全无焦虑，反而是研究起了当时“富者不肯吃，贫者不解煮”的猪肉怎么煮才好吃。一首名为《猪肉颂》的打油诗，直接让东坡肉名声大噪，成了杭州的一道名菜。

后来，苏轼又被贬到儋州，也就是如今的海南。在当时，儋州可是真正的天涯海角、不毛之地。此地资源匮乏，每日饭菜里没有肉食，生病了也无药可医，住的地方没有房子，冬天无炭，夏天也没有解暑的冰。生活如此艰苦，苏轼却依然每天都过得很好。他每天早上迎着海风梳理头发，中午凭窗午睡，晚上还要烧水泡脚，生活充满了惬意与仪式感。

苦中作乐，是一种在逆境中依然能积极向上的乐观精神，是一颗安守自我的平常心。当你置身于纷杂世间，被接连不断的小苦小难所困扰牵制的时候，若能跳出日常，你便会发现，其实活着就是幸福。

人生多苦，追求幸福是我们每个人的本能。而幸福来自生活的点点滴滴，需要我们去发现、去挖掘，其实幸福就藏在日常的柴米油盐里。看似平凡的事物也能蕴含人生的哲理，看似麻烦的小事也可能给我们带来感悟。正因为日常琐碎，它的美才能够在不经意间留驻我们心底。享受人生，就是要享受细微处的美丽和感动，在平常的生活中体会一份快乐，得到一份安宁。

万物有灵，我们只有以真诚的态度面对生活中的每一件小事儿，才能感知到当下的乐趣。认真生活，我们才能够看清其中的美妙与悲欢。生活是交响曲，总有抑扬顿挫与喜怒哀乐，能够在人间烟火所缭绕的平凡生活中寻找乐趣，享受乐趣，便是莫大的福分。

生活中总有波澜，日常过于琐碎，而我们都身在其中。不要去埋怨人生事多，又碎又苦，也无须烦躁，那不过是人生的小小考验，重要的是我们面对琐碎、艰苦日常生活的态度。珍惜是福，安然是福，随缘是福，感恩是福，争取是福，吃亏也是福。

即便有十分福气，也只享受三分

弘一法师说："人的福气是很微薄的。若不爱惜，将这很薄的福享尽了，就要受莫大的痛苦。"他主张惜福，十分的福气，不要全部享受掉，三分正好。

李叔同小时候，家里大厅抱柱上有一副对联，是清朝刘文定公所言："惜食惜衣非为惜财缘惜福，求名求利但须求己莫求人。"受其影响，李叔同自幼对衣服、食物都十分珍惜，从不随意糟蹋。其母亲、哥哥也担心小孩子不爱惜衣食，会有损福报，亦常常叮嘱。

李叔同幼年时练习写字，常常用整张的纸胡写，不懂得爱惜。他母亲看到，就严厉地教育他："孩子！当初你父亲尚在世时，别说在这样大这样好的整张纸上打草稿，就算是只有寸长的小纸条，他也不肯随便浪费哩！"母亲说的这些话，不也是有要惜福的意思吗？

正是因为少时家教如此良好，他一生都十分爱惜自己的衣物与吃食。他脚上一双同门所赠的黄鞋，穿了很多年；他的被褥，也是从出家前一直用到出家后；他唯一的一把雨伞，一直用了三十多年。除了贴身衣物与外穿的鞋子这种不能够长久使用的，是几年一换，其余一切用具，大多是他出家前置办的。如果有人送他好一些的东西，他也会将大半送人。他说自己福薄，珍贵之物是不敢受用的。

世间所有的存在，都具有它独特的生命表征，佛家讲“惜福”，就是要爱惜所有物命，尊重身边的点点滴滴。佛家讲求福报。“福”从哪里来？答曰：“惜福。”何以惜福？即为“俭”。因为节俭，所以爱惜，所以尊重，这是大爱，亦为慈悲。

祖师大德皆朴素节俭，弘一法师如此，净土宗印光法师同样如此。

印光法师收到进补的药品食物，却不自己吃，而是转送给别的法师。别人问他为何如此，印光法师就回答：“我福气薄，不堪消受。”

有一位居士去拜访印光法师，与他同进午餐。居士先结束用餐，却没将米饭吃净，留了几粒米在碗碟中，印光法师看见了，便说道：“你有多少福气，可以这样浪费粮食！”

俭以养德，俭是惜福。节俭的同时是在积福，享受福报的时候就是在消福了。

我们的福气可以说是平衡的，这里失去了一些，又会在别的地方补上。故而世事间“得即是失，失也是得”，我们要珍惜生命里的福气，享受福报，亦要积福。

雪峰、岩头、钦山三位禅师相约云游四海，四处弘法。一天，他们经过一条河流，就在他们讨论应该往何处去打斋饭时，忽然看到河里飘过来一整片菜叶。

钦山说：“河里有菜叶，那么上游定有人家。”

岩头说：“竟然就这么遗失了一片整叶，太可惜了！”

雪峰说：“如果村民不懂得惜福，那也不值得我们教化，还是去找别的村落吧。”

就在他们三人讨论之时，突然看到从河流上游匆匆跑来一人，大声问：“师父！你们看见河里流过来的菜叶了吗？我先前在上游洗菜，一时不慎，竟然落了一片菜叶在水里被水流带走了。我正要将它找回来，不然的话就太可惜了。”得知事情原委，雪峰等三人相视而笑，不约而同地决定就到他家去弘法化斋了。

拥有三个不同观点的三位禅师，最后却为一句话达成共识，做出同样的决定，这是非常值得深思的一件事情。

不论你看到的是人间烟火还是林间香火，只有当一个人懂得珍惜一草一木，珍惜身边的一点一滴，珍惜生命，珍惜自我，才能积福，福气才会有余。

福气，是我们前世善因所得的果报。今生我们能够获得就已经是很好的一件事情了，所以更要懂得珍惜。我们不只是珍惜，我们还要继续做善事。

现在的福气是我们以前付出努力的结果，珍惜福气，是在珍惜自己付出所得的成果，也是在顺应世间规律，尊重因果，是对得起自己的一种体现。同时，福气也会如世事一般变化无常，我们要及时抓住当下的福气并加以利用，以此来为我们的未来安乐创造条件。

咸有咸的味道，淡有淡的味道

人生百味，各有各的体悟。我们没有办法掌握所有变化，甚至可能会在接踵而来的困苦与麻烦中焦虑不安，也可能在突如其来的巨大喜悦中迷失自我，乐极生悲。我们该如何面对人生中的酸甜苦辣呢？古语云："淡然处之，安之若素。"

1925年秋，出家后的弘一法师为战事所迫而不得不在宁波的七塔寺留住。其友人夏丏尊常来探望。一次，夏丏尊来时正碰上弘一法师在吃饭，桌面上只摆了一碟咸菜。

夏丏尊忍不住问弘一法师："你只吃一碟咸菜，难道不会觉得太咸了吗？"

弘一法师笑着看了他一眼，说："咸有咸的味道。"

饭后，夏丏尊又见弘一法师的杯中只有白水。

夏丏尊又问他："怎么不放些茶叶？只喝白开水，不会觉得过于平淡了吗？"

弘一法师便笑说："淡也有淡的味道。"

无论咸淡，都是我们在饭桌上尝过的味道，就像我们在不同的境遇中会遇到不同的事情。当我们无法左右厨师的习惯，无法抉择人生的岔路时，命运如何给予，我们便如何接受，去享受就好了。你看，或是不看，天地大美，静而安在；你寻，或是不寻，岁月流转，总有从容。像李叔同一般咸淡皆宜，便不再惧怕人生潮起潮落。

苦而回甘，痛则领悟，错过，才会成长。人生的体验是丰富的，无论是苦尽甘来，还是甜过发苦，经历本身并没有体验价值上的差别，都是为了能够得到不一样的体会与成长。当你回望人生，便会发现，那些不堪与痛苦，均已变成了坚墙；那些无法释怀和难以忘却的，也早已凝固成了风景。

苦痛荆棘，是暂时的人生困顿，也是帮助我们成长的助力，无须沮丧，不要悲伤，把它看作一场试炼，接受苦难，静待蜕变。

有一位悲伤的父亲来到精舍拜佛，祈求开解。这位父亲原本有一位才貌俱佳的独生女，女儿温良恭顺，是父亲的掌上明珠，可女儿在14岁的时候，却突然染病，就此离世。父亲悲痛难忍，每日哀哭，竟似癫狂。

父亲见到佛陀，顶礼后说："我痛失所爱，实在没有办法化解心里的苦楚，恳请世尊帮我。"

佛陀悲悯道："再寻常的事物也会有结束消亡的时候，站在高处的人也会落下，人有团圆便会有别离，活着的人也终会死去。"

《法句经》中世尊有言："常者皆尽，高者亦堕；合会有离，生者有死。"当年，世尊就是因为了解到生老病死之苦，才想到要如何消除痛苦，并为之付出万般努力，最后才终于明悟了解脱之路。故而，不要逃避，也无须惧怕，没有夏日里的雷霆骤雨，怎见得天晴后的一碧如洗！

追求美好愉悦是我们每个人的本能。我们向往一帆风顺，却本能地不想面对任何苦难，然而现实的残酷无法避免，苦难终究会如约而至。所以我们更应该理性而辩证地看待所有的苦涩，正是因为有了对比，欢乐的才会更加欢乐，我们才能够懂得珍惜内心的幸福。

一个青年向林清玄诉说离别的痛苦，林清玄却告诉他离别是一件好事。青年不解，林清玄便说："如果没有离别，人就不能真正珍惜相聚的时刻；

如果没有离别，人间就再也没有重逢的喜悦。”人们习惯性地认为相聚总是令人欣喜的，离别便充满哀伤。但是这欣喜，却是因为有哀伤作衬托，否则即便欣喜，我们也品尝不到其中滋味了。

用酸甜苦辣咸来形容人生，体会我们一路的成长过程——青涩的酸、满足的甜、磨难的苦、热血的辣以及收获的咸。在人生的每个阶段，都需要我们去调和迎面而来的种种滋味，然后平静而自如地看待生活。正如林清玄所说：“如果人生是一桌宴席，酸、甜、苦、辣、咸就是生命里的各种滋味。既然不可能全是甜头，别的滋味也难免要品尝，就干脆欢喜地吃吧！”

当一个人尝过了生活的各种滋味，经历十足丰富，就能知晓千滋百味才是生活的本来面目。酸甜苦辣，本就各具意义，每一种不同的体会，都有它的存在价值。如果理想的桃花源真实存在，那里面的居民没有苦痛、没有伤感，便也会逐渐丧失奋斗的力量。所以说，苦与甜是相对的，却不是对立的，而是相互依存的。

咸也挺好，淡也挺好，有茶吃茶，没茶就喝白开水。咸淡之间的智慧，可塑造安宁的心。

处处随缘，处处得自在

佛家认为，万物皆因缘起而聚，又因缘灭而散，产生一切结果的原因即所谓“因缘”。因缘，妙而不可言。我们被因缘推动，却又难以看清。人的一生总会遇到许许多多的悲欢离合、荆棘坎坷，也会有安宁释然、憧憬渴望。人生总会有一些可遇而不可求，越是刻意强求，越会将心仪之物推得越远，而不曾留心的，却时常不期而至。所以，要学会随缘自适。以坦然的态度面对生活，一切随缘，便可得安闲自在。

李叔同出家，也是随缘。而这“缘”，便自他幼年起。

李叔同小时候，家里时常请出家人来念经，12岁时他便学了放焰口。后来，李叔同在杭州教书，某次，他与夏丏尊在湖心亭里偷闲时，夏丏尊与他讲，如他们这样的人，出家也很好。李叔同便记在心里，并觉得很有意思。再到后来，李叔同真的去到寺庙小住，时常与寺中法师探讨佛理。那个时候的李叔同已经心向佛家。

后来夏丏尊又来了，看到李叔同作出家人的打扮却还未正式出家，就对他说：“都住在寺庙里了，整日穿着出家人的衣服却不出家，有什么意思？不如早些剃度！”

本是一句“戏言”，没想到1918年农历七月十三日，正是大势至菩萨圣诞时，李叔同便在那一天落发了。

“缘”在于一个人与周围环境的联结。我们时常被周围的一切人与事物所影响，与此同时，也在不断给予我们周围的一切以反馈，从而影响着周围环境。这种“缘起”的关系是相互的，也是相辅相成的。佛法讲：“一切随缘，顺其自然。”这是自然对待因缘的态度，也是能够从“缘”中得到安宁与自在的态度。河流奔向大海的时候没有选择过道路，树叶在风中招摇的时候是自由自在的，人在一生的路上也应该是随缘自在的。

因此，揠苗助长不可行，断鹤续凫更是愚不可及。李叔同出家后深谙随缘的智慧，习惯于随遇而安。他从不在任何寺庙常驻，也不曾担任主持，弘一法师去过许多地方，只说：“我至贵地，可谓奇巧因缘。因变住此，得与诸君相晤，甚可喜。”

小和尚见禅院的草地已然枯黄，便央求师父快撒些草籽来恢复绿地，师父却说：“不急，有空了买一些，随时都能撒。”

过了几天，师父买来了草籽，便让小和尚撒上。但小和尚撒的草籽却因为有风，而被吹走了好些。就在小和尚焦急的时候，师父又说：“无碍，能被吹走，大概便是空的，不要担忧。随性！”

又过一阵，小和尚惊慌地发现，院里飞来许多麻雀，不断啄食地上的草籽，便又忧心明年这片地上怕不会再有绿草，师父便说：“放心吧，小鸟啄不尽这些，定会有草籽生根发芽。随意！”

夜里下过雨，小和尚一早便跑出去看，果然，之前撒下的草籽都已经被雨水冲走了。师父不慌不忙地对难过的小和尚说：“别急，草籽随雨水流到哪里便会生长在哪里。随缘！”

来年春天，院中一片青翠，原本被疏忽的一些角落也有了绿色。师父看着喜形于色的小和尚，和蔼道：“随喜！”

生命的成长皆有因果，林间荣枯也遵循自然的规律。与其强行干涉，不如顺应自然规律，把握既定的轨迹，缘分自会予你莫大的惊喜。便如林间一簇蒲公英，随风而散，落地生根，无须理会，来年便自然有漫山遍野的蒲公英。

人世纷杂，缘起缘灭均不由人，可由人的便是“随”的态度。随缘，不是一味地跟从，而是顺从其美，不憎恨，不愤懑，不贸然，不过度，不苛求；随缘，也不是“躺平”放弃，而是要抓住机会，不消极，不板滞，不惶然，不激进，不懈怠。随缘，随的是豁达与潇洒。

人生宛如道场，我们在其间行走，便是在修行自身。修成一个什么样的人，全由自己选择。拿得起，放得下，看透了，想开了，心中春常在，桃花处处开，放下执念，随缘就是最好的生活。

人生多彩，有喜怒哀乐，有悲欢离合，往事已矣，你悲也好，喜也罢，不忍放下，或者悔痛错过，折磨的却只是你自己。古人云：“祸兮福所倚，福兮祸所伏。”焉知前路没有更好的？处处随缘，才能处处得自在。

感激一切可以感激的

懂得感恩，是一个人基本的修养，也是素质的体现，更是我们面对善意时最恰当的反馈。如果我们无法真心地感谢他人，又如何能够期待来自他人的关心与帮助呢？只有时常怀抱着感恩的心，感激一切可以感激的，才能从环境中得到善意的反馈，才能够对生活不那么挑剔。学会感恩，首当其冲便是需要先“知恩”，只有知晓了恩情，才能够予以回报。这是人的本能，也是最基本的良知。

李叔同自幼与母亲亲近，至纯至孝。母亲病重，李叔同始终守在床前，只有在为母亲预置寿木的时候，才不得不外出。可正是因为这次外出，却让李叔同没能在母亲离世时陪在身边，成了他一生的遗憾。他多次对友人提起自己没能亲送母亲的遗憾，平日里一想到此，便悲痛难耐。母亲去世后，李叔同便改名李哀，号哀公，摒弃身外杂物，只自己一人在房间里闭室守哀。

李叔同出家后，不再理会凡世尘缘，却唯独放不下心中对母亲的感情。他在自己的文章《我在西湖出家的经过》中写道：“二月初五那天，是我母亲的忌日，于是我先于两天就到虎跑去，在那边诵了三天的《地藏经》，为我的母亲回向。”那之后的每一年里，只要快到母亲冥诞，李叔同就会静斋诚默《地藏经》，以回向亡母功德。

李叔同难忘生母恩情，同样常将友人的善意放在心里惦念。

李叔同在泉州的时候，大病了一场。昏昏沉沉间，他收到了友人的来信，内容满是关怀，言语措辞非常恳切，还有其他朋友们联名，为他的病情祈祷。李叔同深受感动，直到若干年后，李叔同依然常因这件事情而对他的朋友们表示感谢。

人们在顺境的时候，很容易能够对身边的人、事、物产生感激之情，但是，真正要懂得感恩，不仅仅是在锦上添花的时候能够拥有感恩之心，更是要在逆境之中也能从心底感激身边所有的一切。

有一位学者，他对身边的一切都怀抱着感恩的心态，每天都很快乐。

孤身一人时，他与朋友们一起住在不足十平方米的小房间里，拥挤不堪，但他总是笑眯眯的。有人问他，如此艰难的生活条件，为什么还能笑得出来。他便回答："和朋友们一起住，交流感情和沟通思想都很方便，当然会很高兴。"

时间流逝，朋友们渐渐有了新的生活，小房间里只剩下了学者，但他依然每天都很快乐。那人又问他，独自一人形单影只，哪里值得高兴。学者说："房间里的书很多，倘若将书比喻成老师，那我何其有幸能够与这么多的老师共处一室，每日交流，这还不值得高兴吗？"

过了几年，学者搬家，住进了一座大楼的最底层。七层的大楼，唯有最底层又脏又乱，但他依然觉得快乐。那人实在好奇，就又问他："即便有这样强烈的对比，也能感到开心吗？"学者说："当然开心啊，住在一楼有很多好处呢。不仅回家方便，不用爬楼，还可以在空地上种花养草，多么有乐趣啊！"

后来，学者的一位朋友要照顾家中偏瘫的老人，不方便爬楼，学者便将自己一楼的房间让给了这位朋友，自己去住了顶楼，可他依旧是每天都十分快乐。那人调侃学者住七楼也一定能够得到许多的乐趣吧，学者肯定道：

“确实，每天多爬几趟楼，可以锻炼身体，光线又好，还十分安静。”

那人对学者的态度叹为观止，一次偶遇学者的学生时，他问：“为什么你的老师无论身处怎样的环境，总是可以感觉到快乐呢？”学者的学生便微笑着告诉他：“一个人的心情如何，并不是由他所在的环境所决定的，而是在于心境。”

生活往往如此，我们能够看到它的好，它便会对我们好；我们若只看到它的不好，它也只会回馈我们不好。只要处处对生活充满了感激之情，我们便会对自己所拥有的一切充满自信，眼中便只有欢乐与美好，这才是应当被所有人追求的人生境界。常怀感恩，哪怕身处荒漠，也会有心灵的雨滋润你的生活。

感激你身边一切可以感激的，便会拥有一个乐观的心态，用这样的心态去面对人生，幸福和快乐便在谈笑间。

凡事有因，果报在人为

人们常说“因果报应”，那么，什么是因果呢？李叔同认为，任何事物的“因”都是一枚种子，遇到相合的土壤，就会生根发芽，相应地结出果实，而“果”恰如这结出的果实。生长需要过程，得先有种子发芽，才能慢慢长成。什么样的因，便有什么样的果，我们好的行为、不好的行为，皆会得到相应的结果，正如常言所说：“善恶有报。”凡事皆有因，果报在人为。

李叔同的学生刘质平曾在日本留学。当李叔同得知自己的学生在异国他乡因经济困难而举步维艰的时候，即便自己已经有了要出家的想法，李叔同依然坚持每月都给刘质平寄钱，并且不要他还，还特意嘱咐他万不可将此事告知他人。李叔同便一直这样资助刘质平到他学成归国。

刘质平将李叔同的恩情牢记心间，在李叔同出家后，他时常牵挂，并全力供养。李叔同知道刘质平其实并没有什么积蓄，便总是给他寄一些字画。刘质平却没有将这些字画拿出来换钱，反而是妥善收藏。

刘质平这一收藏，便是半生。战火连天的时候，他冲破日本人的封锁，也要将字画运出上海；家徒四壁的时候，他摆摊糊口，也不肯出售一字一画；被人重金收买的时候，他果断拒绝；生死危急的时刻，他也是要优先保住恩师的墨宝。直到2000年，他的儿子刘雪阳将这些被刘质平以性命相护的159件作品全部捐给国家，这才让中华文化的花园里又盛开出一朵瑰丽的花。

弘一法师在弘法时，讲到杀生与放生的果报，他是这样说的：“吾人欲得诸事顺遂，身心安乐之果报者，应先力修善业，以种善因。”意思是，如果人想要得到做事一帆风顺、身心安宁的结果，应该先着力于做善事，要先种善因。他认为，如果一心只求好的果报，却不肯付出，不肯做一点好事，这是不可能也不可行的。我们做事的时候能够顺利流畅，能够得到别人的慷慨相助，当然也是因为我们此前也帮助过对我们助力的人。这就好比农民耕作，一滴汗水一粒米，要想丰收，便要先辛勤劳作。因此，我们要想求得诸事顺遂，便要先付出善因，将来不论是早或晚，我们都会得到相应的果报。

一位行商在集市上见到一只被抓起来的小乌龟，行商见它可怜，便花了很多钱将它买下，在路过湖边的时候，他又将小乌龟放生了。几个月后，行商在走山路时，不幸被盗贼劫去了财物。强盗残忍，不仅劫财，还要杀他灭口，将他一把推入冰冷的湖水中，扬长而去。就在濒临死亡的时刻，行商却突然感觉到自己好像正被什么东西向上托着，有了这股托力的加持，行商瞬间便爆发出强大的求生欲，最终成功回到了岸上。行商转眼一看，原来在水中托举自己的救命恩人，赫然是自己过去放生的乌龟。

一时的善因成就了保命的善果，看起来似乎有些像是宿命，然而，因果的形成与机理同无法改变的宿命论其实是完全不同的。人常道：“事在人为。”我们的生命轨迹，是可以由不同的努力、不同的选择得到不同的结果。无论是面对怎样的境况，我们都可以改变自己的态度，改进自己的方法，甚至选择新的方向，让事情朝着我们所期盼的结果发展。

我们的所思所想、所言所为，都是因，在前行的过程中遇到的助力或者阻力，便是缘。我们会遇到什么样的缘分、得到什么样的条件，是无从得知的，但唯有一点，“因”是我们自己种下的。我们的言行思想，对我们自己、周围环境的影响，是我们唯一能够自我控制并决定了果的因。

谋事在人，我们不应该为不确定的东西望而却步，如果不出发，便永远看不见路那边的风景。人生的路要靠自己脚踏实地一步一步向前走，人生的机会要自己去争取和把握，不会有人平白无故予你好处，不要将自己的未来托付在别人的身上。

人世间从来不会有无缘无故的好运，也不会有莫名其妙的厄运。每一次遇到的好运，都是因曾经的助益；每一次遭遇厄运，也都是在为过往弥补。我们所有付出过的汗和泪，都是在铺就向前的路，我们所释放过的善因，也终将会为我们带来幸福的“果”。

折损自己未必不是福

水满则溢，月盈则亏，有时候得到太多不一定就是好事，折损自己也未必不是福。古时候，有一位退斋先生，他在临终前告诫子孙：“无他言，尔等只要学吃亏。”也许有人会认为，吃亏是折损自己便利他人的举动，我消他长，对自己而言百害而无一利，但事实上，事情都有其两面性，我们应该以更加端正、辩证的态度去看待吃亏这件事情。

李叔同在日本留学的时候，曾与好友们合办过一个话剧社，即春柳社。1907年，国内水灾频发，李叔同与好友们便决定以义演的形式为国内献上些许微薄的助力。在一众剧本中，大家挑中了《茶花女》。虽然剧本已定，但仍旧有个大问题需要解决：当时的社员，李叔同和他的朋友们，全都是男子，“茶花女”玛格丽特又由谁来演呢?

就在社员相互辩驳的时候，李叔同主动接过了演女主角的任务，他说：“既然京剧里有花旦，话剧里怎么就不能有反串？”然而要在众目睽睽的舞台上男扮女装，还不能有丝毫的违和感，其难度可想而知。即便服饰、化装、道具可以遮掩一部分差别，但身形骨架却不是那么容易掩盖。于是李叔同便开始减肥，凭借惊人的意志，硬是在短时间内就将自己瘦出了一把“细柳腰”。

义演十分成功，不仅筹到可观的用以赈灾的门票，更是让李叔同的名字再一次响彻文人圈子。当时的日本戏剧评论家松居松翁对李叔同饰演的玛格丽特一角赞赏不已，称其天赋无人可比，并认为是李叔同为中国新剧的崛起带来了火种。

在当时的时代背景下，主动要求男扮女装，甚至为此暴瘦，看似是折损了自己，但演出的成功不仅为祖国贡献了力量，也让自己扬名，又如何不是福气呢?

弘一法师在《改过实验谈》中讲道：“我不识何等为君子，但看每事肯吃亏的便是。我不识何等为小人，但看每事好便宜的便是。”

人们往往对喜贪小便宜的人难有好感，若一个人无论何时、无论何事都只优先想着自己，他身边的人便不会再为他考虑。这样，看似是他争得了所有眼前利益，但长此以往，却失了人心与更多的机遇。

前人说：“吃亏人常在。”肯吃眼前亏的人，往往能够看得更远。不计较眼前短暂的利益，而用暂时的让步与妥协，去换取未来更长远的好处与更多的机遇，才是真正的大智慧。

浙江丽水缙云县有一对以卖面食为生的夫妇，店里所售以当地特产土爽面为主，但平日里生意一般。有一年，台风肆虐，又引发了山洪，许多店家都受到了影响，这对夫妇所贮存的几十袋面粉也没能幸免，几乎全部进水受潮。

因为制作土爽面的特殊工艺流程，即便是用受潮的面粉做出来的土爽面，在外观上也看不出区别，但这对夫妇并没有选择如此止损。他们把受潮的面粉全部放在家里留作自用，又借钱重新为面店进了一批合格的面粉。

后来，此事被广为流传，这对夫妻的土爽面也被誉为“一清二白面”，从当地一众的特产面店里脱颖而出，生意变得异常火爆。

吃亏是福，并不是一定要我们事事退让，而是在于领悟。别人认为的

“亏”“损”，可能在我们看来其实是满足与清醒；而你自己以为的吃亏和委屈，别人可能反而会觉得你不懂知足。吃亏的福，是后福。不争眼前的蝇头小利，不怕吃眼前亏，来日便能图一个更长远的幸福与圆满。

另外，肯吃亏，能忍耐，是一个人道德与修养的体现，更是一种面对人生的达观态度，也是我们与周围环境和谐相处的好方法，值得我们细细思索。

在集体的利益面前，个人的牺牲总是在所难免。有时候放宽心态不去计较，能让自己保持轻松快乐的心态，也让身边的人对你更加亲近。我们应该知道，吃得小亏才不至于招来更大的损失。

面对已损的情况，我们应该表现出自己的肚量，而不是锱铢必较、惦念不已。世界上没有白吃的亏，未来不会辜负你的付出。如果紧握不放，斤斤计较，便得不到他人的支持，单打独斗，总不如与伴同行走得远。

因此，当我们在生活中感到自己吃了亏，或遇有不得不折损自己为别人让路的情况，不要生气，也不需要怨愤，微微一笑便足以帮你把印象分全部加满。折损自己未必不是福，着眼未来，才能站得更高。

李叔同生平大事年表

- 1880年：李叔同生于天津。
- 1884年：9月23日，父李筱楼病故。
- 1885年：从仲兄李文熙受启蒙教育。
- 1897年：与天津俞氏结婚。
- 1918年：虎跑定慧寺出家。灵隐寺受戒。
- 1920年：在浙东各寺云游挂单。贝山闭关。
- 1922年：发妻俞代病逝。编《四分律比丘戒相表记》初稿。
- 1923年：温州庆福寺养病。谢绝出住宝严寺住持。
- 1923—1925年：周游诸寺。
- 1926年：修订《华严疏钞》。重访城南草堂。
- 1928年：商定编绘《护生画集》。主持丰子恺皈依三宝仪式。
- 1929年：白马湖筑屋。赴南普陀寺协助整顿学院。
- 1929—1941年：弘扬律宗
- 1942年：圆寂于泉州温陵养老院。

1898年：奉母携眷迁居上海，加入“城南文社”。

1899年：遂迁入城南草堂。

1900年：生子李准。

1901年：春，返津探亲。秋，入南洋公学。

1904年：票演京剧。参与“沪学会”。

1905年：作《祖国歌》。4月生母王氏病逝。秋，东渡日本。

1906年：创办《音乐小杂志》。

1907年：创办“春柳社”。演出《茶花女》《黑奴吁天录》。

1910年：携日本妻子归国。

1912年：任教浙江省两级师范学校。

1913年：编《白阳》杂志，作中国近代第一部合唱曲《春游》三部合唱曲。

1914年：加入西泠印社。参与“乐石社”。

1916年：李家“相达银号”破产。帮助刘质平赴日深造。

1917年：在虎跑定慧寺试验断食。无偿资助刘质平留学费用至其毕业。

青蓝